Hermann Petrich, Ludwig Tieck

Drei Kapitel vom romantischen Stil

Ein Beitrag zur Charakteristik der romantischen Schule, ihrer Sprache und Dichtung

Hermann Petrich, Ludwig Tieck

Drei Kapitel vom romantischen Stil
Ein Beitrag zur Charakteristik der romantischen Schule, ihrer Sprache und Dichtung

ISBN/EAN: 9783743651586

Hergestellt in Europa, USA, Kanada, Australien, Japan

Cover: Foto ©Thomas Meinert / pixelio.de

Weitere Bücher finden Sie auf **www.hansebooks.com**

PETRICH,

DER

ROMANTISCHE STIL.

DREI KAPITEL

VOM

ROMANTISCHEN STIL.

EIN BEITRAG
ZUR CHARAKTERISTIK DER ROMANTISCHEN SCHULE,
IHRER SPRACHE UND DICHTUNG, MIT VORWIEGENDER
RÜCKSICHT AUF LUDWIG TIECK

VON

HERMANN PETRICH,
ORDENTL. LEHRER AM KÖNIGL. UND GRÖNINGSCHEN GYMNASIUM ZU STARGARD
IN POMMERN.

*Die Sprachlehre ist die Dynamik
des Geisterreichs.* Novalis II. 94.

I. DIE BILDLICHKEIT, II. DER ARCHAISMUS, III. DIE MYSTIK
DES ROMANTISCHEN STILS.

LEIPZIG.
VERLAG VON R. JENNE.
1878.

HERRN

Professor Dr. G. LOTHHOLZ,
DIREKTOR DES KÖNIGL. UND GRÖNINGSCHEN GYMNASIUMS
ZU STARGARD IN POMMERN

in herzlicher und dankbarer Verehrung

gewidmet.

VORWORT.

Nicht mit dem Hochgeful des Baumeifters, der wolgefällig das vollendete Werk mit feinen Plänen und Riffen vergleicht, fondern zur Not mit der Handlanger-Befriedigung, für gefchicktere Hände vielleicht einige passliche Steine zufammengetragen und abgefchichtet zu haben, fieht der Verfaffer die Ausarbeitungen feiner Mufeftunden jetzt im Druck vor fich liegen. Täten es nicht fchon perfönliche Erwägungen, fo würde die Sache felbft ihn zu diefem Geftändnis zwingen. Denn der hier behandelte Gegenftand gehört zu denjenigen, welche durch ihre eigne Natur dazu verurteilt find, niemals ganz fertig zu werden, welche, treten fie in dem Gewande eines Buches auf, das »kann fortgefetzt, kann ergänzt werden« überall unfichtbar am Rande tragen. Ift doch im Grunde jede ftiliftifche Unterfuchung folch ein Unendliches.

Zu diefem Gefichtspunkt, deffen freundliche Berückfichtigung fich das Schriftchen von feinen Lefern erbitten muss, gefellt fich noch ein anderer nicht minder wichtiger.

Die angewandte Stiliſtik hat mit der Statiſtik nicht nur die Mehrzal der Buchſtaben gemein. Von dem ſcheinbar mechaniſchſten Geſchäft des Zälens und Vergleichens äuſserer Erſcheinungen erheben ſich beide zur Wiſſenſchaft geiſtiger und ſittlicher Mächte und zur Kunſt der Portraitirung geiſtiger und ſittlicher Perſönlichkeiten. Man überſchätze deshalb nicht die einzelne Angabe weder dort noch hier: ſie iſt nicht das Ziel, ſondern nur der Weg, auf dem wir zu ihm gelangen; Ein Baum macht noch keinen Wald, Eine noch ſo auffallende Spracheigenheit keinen Stil. Man unterſchätze ſie aber auch nicht: in der Summe zält auch der einzelne Poſten mit, aus den für ſich allein unbedeutenden Liebhabereien der Darſtellung ſetzt ſich der Stilcharakter zuſammen. Dürfte das Einzelne als gleichgültig bei Seite geſchoben werden, das Urteil wäre hier doppelt wolfeil, wo es ſo oft ſich nur um ein »mehr oder minder« handelt, wo ſo oft, dem innerſten Weſen der Romantik entſprechend, Andeutungen, Wünſche und Raiſonnements die Stelle handgreiflicher Beiſpiele und lebendiger Taten übernehmen müſſen. Wird die einzelne Erſcheinung dagegen, im Zuſammenhang des Ganzen gewogen, dennoch nicht probehaltig erfunden, gut, dann hat ſie ihr Recht verwirkt und der Verfaſſer muss ſeinen Fehlgriff bekennen.

Die möglichſt unmittelbare und wörtliche Anlehnung an die Quellen ſchien zur fortlaufenden Kontrole des Urteils ſelbſt da erforderlich, wo ſie den einheitlichen Fluss der Rede zerreiſsen musste. Möge der Leſer ſich durch den Gewinn für die Einbuſse entſchädigt halten.

Dass der Verfaffer bei den vielfachen Zalen der Citate durch widerholte Vergleichung alle mögliche Vorficht angewandt hat, verfteht fich wol von felbft; doch würde er fich bei der Leichtigkeit eines Verfehens wenig wundern, wenn trotzdem ein oder das andre räudige Schaf unter der Herde entdeckt werden follte.

Zum Schluss kann ich nicht den Dank unterdrücken, den ich meinem Freunde, dem Verleger diefer Schrift, für die gefällige Ausstattung derfelben fowie für feinen ftets bereiten Beirat fchuldig bin.

Stargard in Pommern
im Januar 1878.

Hermann Petrich.

INHALT.

Einleitung . . . . S. 1 — 9.

Erstes Kapitel. Die Bildlichkeit des romantischen Stils . . . . S. 11 — 39.

¶ 1. Sinnlichkeit und Bildlichkeit als Grundgesetz jeder dichterischen Darstellung. — ¶ 2. Stil und Bild der Romantiker vor 1797 von Schiller und dem Sturm und Drang beeinflusst. — ¶ 3. Das Wesen der eigentlich romantischen Bildlichkeit dagegen ist zu geringe Sinnlichkeit. Beispiel. Die einzelnen Mittel, die Sinnlichkeit des Bildes abzuschwächen: — ¶ 4. (a) Das Bild wird dem unsinnlichen Seelenleben entlehnt. — ¶ 5. (b) Das Gehör wird vor dem Gesicht bevorzugt. — ¶ 6. (c) Aus den Gesichtsbeobachtungen werden am liebsten die unbestimmten gewählt. — ¶ 7. (d) Die Übertragung verschiedener Sinnestätigkeiten auf einander. — ¶ 8. (e) Verwirrende Häufung der Bilder. — ¶ 9. (f) Unverständlichkeit des sinnlichen Herganges. —

¶ 10. Die ganze romantische Darstellung will Symbol und Gleichnis einer geheimnisvollen Welt sein. — ¶ 11. Die Schellingsche Naturphilosophie bietet dazu die passlichste Anknüpfung. — ¶ 12. Die Sprache, selbst eine Allegorie des Menschen, eignet sich vorzüglich zu symbolischen Zwecken. Ihre einzelnen Mittel: — ¶ 13. (a) Die Metapher. — ¶ 14. (b) Die romantische, besonders in Märchen und Roman heimische Allegorie. — ¶ 15. (c) Die romantische Mythologie. —

Zweites Kapitel. Der Archaismus des romantischen Stils . . . . S. 41 — 91.

¶ 16. Allgemeine Begründung des romantischen Archaismus. — ¶ 17. Das Studium der ältern deutschen Dichtung bei den Romantikern; Tieck durch Wackenroder für Germanistik angeregt. — ¶ 18. Tiecks

Liebe zu den deutſchen Volksbüchern und ihrer Stilfarbe. —
¶ 19. Die unbedenkliche Nachamung derſelben (a) in den Volksmärchen 1797. — ¶ 20. Die gewagtere (b) in den äſthetiſirenden
Schriften, den Herzensergießungen 1797, dem Sternbald 1798,
den Phantaſien 1799. — ¶ 21. Die gefärlichſte (c) in den Romantiſchen Dichtungen 1799 — 1800, im Zerbino und in der Genoveva,
ſowie in Meluſina und Octavian. — ¶ 22. Der Archaismus bei
Hardenberg. — ¶ 23. Derſelbe bei W. Schlegel. — ¶ 24. Derſelbe bei Friedrich Schlegel. —
¶ 25. Allgemeiner Geſichtspunkt zur richtigen Beurteilung des
romantiſchen Archaismus. — ¶ 26. Wörterbuch der romantiſchen
Archaismen mit Einſchluss benachbarter Wortbildungen. —

Drittes Kapitel. Die Myſtik des romantiſchen Stils S. 93 — 152.

¶ 27. Ideal der romantiſchen Darſtellung iſt Unverſtändlichkeit für den
Verſtand. — ¶ 28. Berechtigung der Bezeichnung »Stil-Myſtik«.
— ¶ 29. Gegenſätzliche Stellung W. Schlegels. — ¶ 30. Zu-
ſtimmende Hardenbergs, Fr. Schlegels und beſonders Tiecks. —
¶ 31. Die direkte Bezeichnung des Wunderbaren. —

¶ 32. Aber nicht nur das einzelne Wort, ſondern die ganze
romantiſche Sprachfarbe ſoll geheimnisvoll werden; die Mittel
dazu: — ¶ 33. (A) Die andeutende Unbeſtimmtheit des Ausdrucks.
— ¶ 34. Tieck zu derſelben durch die Flüchtigkeit und Oberflächlichkeit ſeines literariſchen Schaffens vorgeſchult. — ¶ 35.
Jene andeutende Unbeſtimmtheit zeigt ſich (a) im Gebrauch von
Zalen, Abſtrakten und Fremdwörtern. — ¶ 36. (b) In der ſprachlichen Vermiſchung benachbarter Begriffe, beſonders der äſthetiſchen
und religiöſen. — ¶ 37. (c) In der Abſchwächung des Begriffes
(α) des Eigenſchaftsworts (allgemeine und blaſſe Bezeichnungen;
übermäſige Verwendung der Sprossformen auf —lich; Vorliebe
für ſuperlative Wendungen). — ¶ 38. (β) Des Hauptworts (Steigerung;
Auslaſſung des Artikels; Pluralbildung). — ¶ 39. (γ) Des Zeit-
und des Umſtandsworts (limitierende und hypothetiſche Ausdrücke;
das Wörtchen »abwärts«). — ¶ 40. (δ) Des Verhältniswortes (un-
gewönliche und inkorrekte Rektion). — ¶ 41. Die andeutende Unbeſtimmtheit des Stils zeigt ſich endlich (d) in der Abſchwächung
des Urteils; dieſelbe geſchieht (α) durch Auslaſſungen (der Ko-
pula; des »zu« vor dem Infinitiv; und anderer Satzglieder) oder
durch Zuſammenziehungen. — ¶ 42. (β) Durch Vernachläſſigung
der logiſchen Beziehung in der Satzverknüpfung (Mangel an
grammatiſcher Symmetrie; »um zu« bei verſchiedenem Subjekt;
ſchlaffe Relativfügungen). — ¶ 43. Die Myſtik des romantiſchen

Stils wird andrerseits erreicht (B) durch die musikalische Verinnerlichung der Sprache; überall in der Romantik begegnen wir musikalischen Neigungen. — ¶ 44. (a) Die Musik des Wortes zeigt sich (α) in der einseitigen Ausbildung des klingenden Sprachmaterials, der Vokale, wobei das Italienische und Spanische als Vorbild diente. — ¶ 45. Romantische Behandlung des Reims und Echos. — ¶ 46. Die romantische Assonanz. — ¶ 47. Sodann erscheint die Musik der romantischen Sprache (β) in der einseitigen Ausbildung des Rhythmus. — ¶ 48. Aber die Musik des Wortes wird (b) zur Musik des Gedankens und damit zur Selbstauflösung des poetischen Kunstgesetzes.

Verzeichnis der Abkürzungen

in den

Anmerkungen und Citaten.

(A) bedeutet dass das betreffende Wort in der Affonanz fteht.

Abd. „ Tiecks «Abdallah. Eine Erzälung. 1792». Schriften VIII. 1 ff.

Abr. Ton. „ Tiecks «Leben des berühmten Kaifers Abraham Tonelli; eine Autobiographie in drei Abfchnitten. 1798». Schriften IX. 243 ff.

Ad. u. E. „ Tiecks «Adalbert und Emma»; jetzt «Das grüne Band. Eine Erzälung. 1792». Schriften VIII. 279 ff.

Al. „ Fr. Schlegels «Alarkos. Ein Trauerfpiel in zwei Aufzügen. 1802». Sämmtl. Werke IX. 193 ff.

Ath. „ «Athenäum. Eine Zeitfchrift von A. W. Schlegel und Fr. Schlegel.» 3 Bde. Berlin 1798. 1799. 1800.

Aut. „ Tiecks «Der Autor. Ein Faftnachtsfchwank. 1800». Früher «Der neue Hercules am Scheidewege». Schriften XIII. 267 ff.

Blaub. „ Tiecks «Der Blaubart. Ein Märchen in fünf Akten. 1796». Schriften V. 7 ff.

bl. Eck. „ Tiecks «Der blonde Eckbert. 1796». Schriften IV. 144.

Caroline „ «Caroline. Briefe ... Herausgegeben von Waitz.» 2 Bde. Leipzig 1871.

Ebd. „ Ebenda.

Eur. „ Novalis' «Die Chriftenheit oder Europa. Ein Fragment. (Gefchrieben im Jahre 1799)». Schriften (vierte Aufl.) I. 187 ff.

Frg. „ . Fragment.

Gd. „ Gedicht. Die Gedichte der Gebrüder Schlegel und Novalis' nach den Gefammtausgaben. «Gedichte von L. Tieck». Tl. 1 u. 2. Dresden 1821; Tl. 3. 1823.

g. E. „ Tiecks «Der getreue Eckart und der Tannhäufer. 1799». Schriften IV. 173 ff.

geiftl. L.	bedeutet	Novalis' »Geiftliche Lieder« (1799). Schriften II. 15 ff.
Gen.	„	Tiecks »Leben und Tod der heiligen Genoveva. Ein Trauerfpiel. 1799«. Schriften II. 1. ff.
geft. K.	„	Tiecks »Der geftiefelte Kater. Ein Kindermärchen in drei Akten. 1797«. Schriften V. 161 ff.
Gr.	„	»Deutfches Wörterbuch von Jacob Grimm und Wilhelm Grimm.« Leipzig 1854 ff.
H. a. d. N.	„	Novalis' »Hymnen an die Nacht« (1797—1799). Schriften II. 1 ff.
Herzenserg.	„	»Herzensergiefsungen eines kunftliebenden Klofterbruders von L. Tieck u. W. Wackenroder. Berlin. 1797«.
Hk.	„	Tiecks »Die Gefchichte von den Heymons Kindern in zwanzig altfränkifchen Bildern. 1796«. Schriften XIII. 1 ff.
H. v. O.	„	Novalis' »Heinrich von Ofterdingen« (1800). Schriften I. 1 ff.
j. G.	„	Tiecks »Das jüngfte Gericht. Eine Vifion. 1800«. Schriften IX. 339 ff.
K. v. B.	„	Tiecks »Karl von Berneck. Trauerfpiel in fünf Aufzügen. 1795«. Schriften XI. 1 ff.
kom.	„	dass das betreffende Wort in komifchem Sinne gebraucht wird.
Krit. Schr.	„	»Kritifche Schriften ... von Ludwig Tieck. Leipzig 1848.« 2 Bde.
Lehrl.	„	Novalis' »Die Lehrlinge zu Sais« (1798). Schriften II. 43 ff.
Luc.	„	Fr. Schlegels »Lucinde. Ein Roman. Erfter Teil. 1799«. Neue unveränderte Ausgabe. Coburg 1868.
Mag.	„	Tiecks »Liebesgefchichte der fchönen Magelone und des Grafen Peter von Provence. 1796«. Schriften IV. 292 ff.
Mel.	„	Tiecks »Sehr wunderbare Hiftorie von der Melufina. In drei Abteilungen. 1800«. Schriften XIII. 67 ff.
N.	„	Novalis (Friedrich von Hardenberg) 1772 — 1801. »Novalis Schriften. Herausgegeben von L. Tieck und Fr. Schlegel. Vierte vermehrte Auflage. Berlin. 1826.« Und »Novalis Schriften. Herausgegeben von L. Tieck und Ed. von Bülow. Dritter Teil. Berlin. 1846«.
Nachgel. Schr.	„	»Ludwig Tiecks nachgelaffene Schriften. Aus-

		wal und Nachlefe. Herausgegeben von R. Köpke. Leipzig 1855". 2 Bde.
Oct.	bedeutet	Tiecks «Kaifer Octavianus. Ein Luftfpiel in zwei Teilen. 1803». Schriften I. 1 ff.
Ph.	„	«Phantafien über die Kunft für Freunde der Kunft. Herausgegeben von L. Tieck. Hamburg 1799.»
P. Leb.	„	Tiecks «Peter Leberecht. Eine Gefchichte one Abenteuerlichkeiten». Erfter Teil 1795. Schriften XIV. 161 ff. Zweiter Teil 1795. Schriften XV. 1 ff.
(R)	„	dass das betreffende Wort im Reim fteht.
Rb.	„	Tiecks «Der Runenberg. 1802». Schriften IV. 214 ff.
Rk.	„	Tiecks «Leben und Tod des kleinen Rotkäppchens. Eine Tragödie. 1800». Schriften II. 327 ff.
Rol.	„	Fr. Schlegels «Roland. Ein Heldengedicht in Romanzen nach Turpins Chronik». 1809 erfchienen. Sämmtl. Werke IX. 1 ff.
f. o. (u.)	„	fiehe oben (unten).
Schildb.	„	Tiecks «Denkwürdige Gefchichtschronik der Schildbürger, in zwanzig lefenswürdigen Kapiteln. 1796». Schriften IX. 1 ff.
Fr. Schl.	„	Friedrich Schlegel. 1772—1829. «Friedrich von Schlegels fämmtliche Werke. Zweite Original-Ausgabe. Wien 1846». 15 Bde.
W. Schl.	„	Auguft Wilhelm Schlegel. 1767—1845. «Auguft Wilhelm von Schlegels fämmtliche Werke. Herausgegeben von Eduard Böcking». 12 Bde. Leipzig 1846. 1847.
Schleierm.	„	Friedrich Schleiermacher. 1768 — 1834. «Aus Schleiermachers Leben. In Briefen.» 2 Bde. 2. Auflage. Berlin 1860. Bd. 3 u. 4, vorbereitet von L. Jonas, herausgegeben von W. Dilthey. Berlin 1861 und 1863.
Sh.	„	Shakefpeare. «Shakspeares dramatifche Werke, überfetzt von Auguft Wilhelm Schlegel». 8 Teile. Berlin 1797—1801.
St.	„	Tiecks «Franz Sternbalds Wanderungen. Eine altdeutfche Gefchichte. 1798». Schriften XVI. 1 ff.
T.	„	Ludwig Tieck. 1773—1853. «Ludwig Tiecks Schriften.» Bd. 1—15. Berlin 1828. 1829. Bd. 16—28. Berlin 1843—1854.
u. o. (ö.)	„	und oft (öfter).
u. f. o.	„	und fehr oft.
verk. W.	„	Tiecks «Die verkehrte Welt. Ein hiftorifches Schaufpiel in fünf Aufzügen. 1798». Schriften V. 283 ff.

Wackenr. bedeutet Wilhelm Heinr. Wackenroder. 1773—1798.
W. d. Blaub. „ Tiecks "Die fieben Weiber des Blaubart. Eine Familiengefchichte von L. T. 1797". Schriften IX. 83 ff.
W. Lov. „ Tiecks "William Lovell". 2 Tle. 1795. 1796. Schriften VI. u. VII.
Z. „ Tiecks "Prinz Zerbino oder die Reife nach dem guten Gefchmack. Ein deutfches Luftfpiel in fechs Aufzügen. 1796. 1797. 1798". Schriften X. 1 ff.

Berichtigungen.

Eine Anzal leider überfehener, teilweife recht auffälliger Inkonfequenzen der Rechtfchreibung, welche jedoch das Verftändnis nicht beeinträchtigen (Seite 39, Zeile 13 v. o. lies tue, Seite 101, Zeile 2 v. o. lies Mine, Seite 111, Zeile 21 v. o. lies Kombination u. dergl. m.) dürfen hier wol ein für alle Mal der Nachficht des Lefers empfohlen werden. Aufserdem find folgende Fehler bemerkt worden:

Seite 15, Zeile 6 v. o. lies noch   ftatt nocht.
„ 21, „ 3 „ „ bei Fr. Schl. „ bei. Fr. Schl.
„ 50, „ 4 „ „ lefenswürdigen „ lefenswerten.
„ 70, „ 8 „ „ 133. „ 113.
„ 113, „ 11 „ „ Synkonftruktion „ Symkonftr.

EINLEITUNG.

Es ift ein durchgehendes Gefetz alles gefchichtlichen Fortfchritts, dass eine Kulturperiode erft dann ihre Beftimmung ganz ausgelebt, ihre Endfchaft völlig erreicht hat, wenn fie, bei der äufserften Konfequenz anlangend, durch Vereinfeitigung ihre anfängliche Berechtigung in das Gegenteil verkehrt hat. Denn erft dann vermag die entgegengefetzte Strömung zur Geltung zu kommen, die bleibenden Früchte der vergangenen Epoche unter Dach zu bringen, ihren eignen Lebensberuf zu erfüllen und endlich in ihrer Ausartung einem neuen Entwickelungstriebe Raum zu geben. Der Übergang von einer Bildungsftufe zur andern ift demnach immer ein fliefsender — beide Elemente teilen fich in die Herrfchaft — aber auch ein um fo intereffanterer, weil die ablaufende Zeit mit einer Rückfichtslofigkeit das letzte Wort auszufprechen wagt, welche die fcharfen Umriffe ihrer Phyfiognomie jedem klar in die Augen fpringen lässt.

Seit dem Anfang diefes Jarhunderts hat unfer Volk eine folche Wandlung durchzumachen gehabt, eine Wandlung aus dem vereinfeitigten Idealismus zu einem erftarkenden Realismus, welcher in unfern Tagen auf einem Gebiete wenigftens das lange erftrebte, ehrenwerte Ziel erreicht hat. Genau um die Wende des

Jarhunderts war es, als die idealiftifche Sommerglut jener Kulturftrömung, welche die goldnen Früchte unfrer klaffifchen Dichtung zur Reife brachte, in der romantifchen Schule über fich felbft hinaus zu ihrer fchreiendften Konfequenz ftieg. Der klaffende Zwiefpalt zwifchen dem Ideal und dem Leben rottete eine Anzal verwegner Geifter zu einer revolutionären Erhebung zufammen, welche mit allen Mitteln künftlerifchen und journaliftifchen Terrorismus die Welt der Wirklichkeit einem phantaftifch ausgehölten Traumgefpenft zu unterjochen trachtete.

Eine literarifche Krankheitsgefchichte alfo ift die Gefchichte der romantifchen Poefie. Doch deshalb des Studiums nicht etwa unwert. «Krankheiten find gewis ein höchft wichtiger Gegenftand der Menfchheit», fchreibt Novalis. Das gilt nicht nur von Störungen des phyfifchen Wolbefindens, fondern auch von Kulturverirrungen. In den Krankenftuben wird die Kraft der Gefundheit geboren. Der romantifche Paroxysmus birgt Lebenskeime in feinem Schofs, denen ganze Wiffenfchaften, wie die Gefchichte unfrer Literatur und Sprache, ihre Entftehung, denen unfre gefammte neuere Kunft und Kultur fortdauernde Anregungen verdanken. Nachdem er gleich feinem politifchen Vorgänger drei Jare lang, von 1798— 1801, gewärt hatte, hinterliefs er die wolbegründete Erkenntnis, dass aus einer Sackgaffe nur eine Umkehr, kein Fortfchritt heraushelfe. Die Glieder des romantifchen Bundes haben trotz mancher neuen Verirrungen doch in der Folge felbft wefentlich dazu beigetragen, eine Ausfönung des künftlerifchen Schaffens unfers Volkes mit feinem öffentlichen Leben herbeizufüren.

Diefe tiefgreifende Bedeutung der romantifchen Schule hat ihr feit Decennien das Intereffe der literarifchen Forfchung zugefürt. Die Gefammtwerke von Gervinus und Koberftein, die kleine Monographie von Hettner und die umfangreiche von Haym*) haben teils das allgemeine Urteil der Wiſſenſchaft über ſie feſtgeſtellt, teils in ſorgfältigſtem Detailſtudium alle einzelnen Fäden, aus denen ſich das romantiſche Gewebe zuſammenſpinnt, blosgelegt. Was die folgenden Bogen zur Sache beitragen möchten, erhebt nicht im entfernteſten den Anſpruch, eine Um- oder gar Neuzeichnung des Bildes zu ſein, welches jene Meiſter der Literaturkunde von der romantiſchen Schule entworfen haben — im Gegenteil, die Richtigkeit deſſelben werden ſie überall teils vorausſetzen teils beſtätigen und ſich vielfach namentlich des trefflichen und für längere Zeit abſchliefsenden Haymſchen Werkes als des ſicherſten Fürers bedienen — nur eine ſchärfere Ausprägung einiger Linien, deren volle Bedeutung in jenem Bilde bisher weniger zu ihrem Rechte gekommen, iſt ihre Beſtimmung. Es gilt, eine Richtung unſrer Literatur, welche ſelbſt keinen höhern Mafsſtab als den der Form kannte und denſelben einſeitig allen Kunſtſchöpfungen aufdrängte, mit demſelben Mafse zu meſſen; es gilt den Verſuch, die ſprachlichen Eigentümlichkeiten der romantiſchen Schule zu einem ſtiliſtiſchen Charakterbilde ihres Weſens zuſammenzufaſſen.

Aber unternehmen wir denn damit nicht etwas Unmögliches? Läſst ſich überhaupt von einem romantiſchen Stil, von dem Stil einer Genoſſenſchaft reden, welche bei vielen gemeinſamen Zielen doch ſo viele verſchiedene

---

*) G. G. Gervinus, Geſchichte der deutſchen Dichtung. Lpz. 1842. Bd. V. S. 569 ff. — A. Koberſtein, Grundriss der Geſchichte der deutſchen Nationalliteratur, fünfte umgearbeitete Aufl. von K. Bartſch. Lpz. 1873. Bd. IV. S. 543 ff. — H. Hettner, Die romantiſche Schule in ihrem innern Zuſammenhange mit Goethe und Schiller. Braunſchw. 1850. — R. Haym, Die romantiſche Schule. Ein Beitrag zur Geſchichte des deutſchen Geiſtes. Berl. 1870. Letzteres Werk für uns beſonders wertvoll, da es vielfach auf ungedruckte Quellen zurückgeht.

Wege einschlug? Die ganze folgende Schrift muss versuchen, ob sie diese Frage zu bejahen im Stande ist. Nur über den allgemeinen Gesichtspunkt ist schon die Einleitung Rechenschaft schuldig.

Auch den Vätern der Romantik schwebte offenbar das Bewusstsein einer gemeinsamen Schreibart als eines anzustrebenden Ideals vor der Seele. Friedrich Schlegel, der sich mit Hardenberg in die Prophetenwürde des literarischen Freistats teilt, erklärt ausdrücklich*) Tiecks Stil im Sternbald für »romantisch« und schreibt ein andermal an seinen Bruder**) von dessen und seiner eignen Darstellung, dafs »auch die Manieren der Schreibart sich mehr und mehr in den einen und unteilbaren Stil verklären«. Änlichen Andeutungen begegnen wir auch bei den übrigen Genossen. Aber die Stellung zu diesem Ideal ist freilich bei jedem eine andre. In seiner nächsten Nachbarschaft sehen wir Ludwig Tieck. Wie einst Klopstock von den Schweizern, so wurde Tieck von den Schlegels als der romantische Messias ausgerufen, als derjenige, dessen Dichtung nach Inhalt und Form das romantische Wesen am authentischsten zum Ausdruck brächte. Tieck erhält deshalb auch in unsrer Darstellung den Ehrenplatz. Ihm zunächst, dem romantischen Stilideal wenig ferner, steht das Freundespar Friedrich Schlegel und Friedrich von Hardenberg, beide nicht nur Dichter, sondern auch Philosophen, beide durch überraschende Aperçüs das Dämmerlicht romantischer Spracheigenheiten erleuchtend und durchbrechend. Mit küler Ruhe sodann, aber nicht one sympathisches Verständnis verwaltet Wilhelm Schlegel das Amt des Schulkritikers; ihm werden wir stets am meisten zu glauben geneigt sein, wo es sich um einen klaren Spruch

---

*) In einem bei Haym a. a. O. S. 894 verwerteten Brf. — **) Gleichfalls bei Haym S. 686, Anm. aus dem Mscr. citirt.

über die zu Tage tretenden Erscheinungen handelt, da dieselben weder sein Urteil noch seine Sprache zu beirren im Stande gewesen sind. Den äuseren Kreis endlich schliesen Friedrich Schleiermacher, Schelling und die Frauen, Caroline, des älteren, und Dorothea, des jüngeren Schlegel Gattin; nur hin und wider fallen sie in das Concert ein, um bei der einen oder andern Gelegenheit über diese oder jene romantische Stilerscheinung ihre Stimme abzugeben.

Und welches ist nun, falls sich ein zusammenfassendes Bild davon geben lässt, der wesentliche Charakterzug des romantischen Stils, wie er von den Genannten teils theoretisch teils praktisch in jener Blütezeit der Schule zwischen 1797 und 1801 etwa vertreten wird?

Die Phantasie ist die Lebensquelle jeder eigentlich romantischen Anschauung. Darin eben besteht der revolutionäre Charakter des romantischen Kunstgesetzes. Wärend der Klassicismus ein harmonisches Zusammenwirken des Verstandes und des Gefüls mit der Phantasie zur Voraussetzung hat, reist sich in der Romantik die letztere, der tiers état, aus diesem Organismus los und erklärt sich für die einzig rechtmäfsige Repräsentantin des ganzen Reiches der Poesie. Vom Verstande zuerst. Die Gesetze des Denkens, der logischen Verknüpfung und Schlussbildung werden nicht nur ignorirt und durch eine höhere, poetische Vorstellungsfolge aufgehoben, wie es jede dichterische Tätigkeit erheischt, sondern es wird ihnen im eigentlichen Sinne der Krieg erklärt. Der Zufall und die Bizarrerie treten an die Stelle des kausalen und finalen Zusammenhangs. «Hätten wir eine Phantastik wie eine Logik, ruft Novalis aus[*], so wäre die Erfindungskunst erfunden.» Und nicht minder unterliegt der Phantasie in der Romantik das Gefül. Die

---
[*] N. II. 150, Fr.

Lebenswarheit der poetifchen Anfchauung, welche durch daffelbe gewärleiftet werden muss, hat keine Bedeutung für eine Geiftesrichtung, welche jede Berürung mit dem wirklichen Leben flieht wie der Hypochonder die Zugluft, welche aus felbftzufriedner Traumperfpective die Wirklichkeit gefchichtlichen Erfcheinens verachtet und belächelt.

Aus diefer frevelhaften Überhebung der Phantafie über die ihr zu notwendigen Korrectiven gefetzten Seelenkräfte ergiebt fich von felbft der pathologifche Charakter der romantifchen Anfchauung. Die nüchterneren Naturen des Kreifes, und dies find befonders W. Schlegel und Schleiermacher, weifen widerholt auf diefen gänenden Abgrund hin. Der letztere, als er in den Lucindebriefen das «vortreffliche und einzige Werk» unter die Sterne verfetzt, möchte es doch vielleicht «eine Unzüchtigkeit der Form nennen, die Phantafie fo aufzufpannen und zu quälen» *); und der erftere urteilt in dem bekannten Brief an Fouqué v. J. 1806**), dass «die Dichter der letzten Epoche die Phantafie, und zwar die blos fpielende, müfsige, träumerifche Phantafie, allzufehr zum beherrfchenden Beftandteil ihrer Dichtungen gemacht». Ja die Überhebung felbft offenbarte die Schwäche. Je mafslofer die Phantafie aller Feffeln fpottete, um fo tiefer fchnitten ihr diefelben ins Fleifch. Wie ein Wurm nagt an dem Mark aller Romantik die Ironie, dass der Verftand mit dem Verftande, das Gefül mit dem Gefül, der Teufel durch Beelzebub ausgetrieben werden foll. Die überfpanntefte Phantafie verhüllt oft nur fchlecht die reflectirtefte Nüchternheit. Es ift ein ewiges Ringen der Einbildungskraft um die Alleinherrfchaft und ein ewiges Unterliegen.

---

*) Vertraute Brfe. über Fr. Schlegels Lucinde. Lübeck und Leipzig 1800. S. 152. — **) W. Schlegels S. W. VIII. 144, vgl. 147.

Wenn nun der Stil nur die künstlerische Veräusserlichung des innern künstlerischen Anschauens ist, so muss jener Usurpationskampf der Phantasie, jener weltflüchtige Idealismus auch in der sprachlichen Gewandung deutlich hervortreten.

Das erste Mittel, welches die Sprache jeder künstlerischen Darstellung bietet, der schaffenden Kraft der Phantasie Ausdruck zu leihen, ist die Bildlichkeit, das Wort im allgemeinsten Sinne, wo es jede Uneigentlichkeit des Ausdrucks umfasst, genommen. Diese hat die romantische Sprachbehandlung mit jeder andern künstlerischen gemein; nur die Art und Weise, wie sie sie benutzt, kann uns ihre Eigentümlichkeit verraten.

Das zweite Mittel, welches selbst schon ein eigenartig romantisches ist, dient der reproductiven Einbildungskraft: der Archaismus. In ihm eröffnet die Phantasie des Schriftstellers auf Kosten einer früheren Sprachperiode dem Leser eine historische Perspective, welche seine Einbildungskraft aus der sinnlichen Gegenwart in die Vergangenheit zurückverfetzt.

Das dritte Mittel endlich, welches die Sprache der Phantasie reicht, sich zu äufsern, ist ebenfalls ein eigentümlich romantisches; wir wollen es die Mystik des Stils nennen und darin alle diejenigen Redeformen begreifen, in welchen die Sprache der Phantasie gegenüber ihre Insolvenz erklärt und bestimmt zu verstehen giebt, dass sie nicht im Stande sei, die alle Erfarung übersteigende innere Anschauung irgendwie adäquat wiederzugeben.

In allen drei Richtungen haben wir der Phantasie des romantischen Stils nachzugehn.

Erstes Kapitel.

Die Bildlichkeit
des
Romantischen Stils.

¶ 1. Wenn alles Dichten auf einem Verdichten unsinnlicher Vorstellungen und Empfindungen zu sinnlichen Anschauungen beruht, so hat Sinnlichkeit und Bildlichkeit des Ausdrucks als Grundgesetz jeder dichterischen Darstellung zu gelten. Der dichtende Geist muss das, was er kraft der Phantasie in sich selber gestaltet hat, mit denjenigen sprachlichen Mitteln aus sich herausstellen, welche den Hörer und Leser veranlassen, auch in seiner Einbildungskraft denselben sinnlichen Hergang zu widerholen. Je näher ihm die Worte diese Widerholung legen, je unmittelbarer sie ihn zu derselben zwingen, desto besser haben sie ihren Zweck erfüllt, desto richtiger sind sie gewält.

Allein grenzenlos liegt das Reich der Anschauungen zu den Füfsen des Dichters, und ebenso grenzenlos bietet die Sprache ihm ihre Schätze dar. Wohin seine Hand greife, darüber hat niemand als das Kunstwerk selbst Rechenschaft zu fordern. Ob er, was seine Phantasie schaut, zur plastischen Bestimmtheit ausbilden oder in musikalische Weichheit einhüllen, ob er es durch ein einfaches Epitheton andeuten oder als maschenreiche Allegorie ausspannen, ob er sich mit einem gelegentlichen Tropus begnügen oder Bild auf Bild häufend seine ganze Sprache zur Bilderkette machen will, diese und viele andre Wege liegen ihm offen und ermöglichen eine unendliche Mannigfaltigkeit von Stil-Individualitäten. Wer die Vorliebe eines Schriftftellers für diefe oder jene Richtung, welche die Bildlichkeit feines Ausdrucks einfchlägt, erwiefen hat, der hat einen wichtigen Zug feiner ftiliftifchen Phyfiognomie gezeichnet. Welch Antlitz zeigt nach diefer Seite die romantifche Schule?

¶ 2. Ein kurzes Wort über die Zeit vor 1797 d. h. über die Bildungsperiode der romantifchen Dichter. Wie Goethe und Schiller fich zu der Sonnenhöhe ihres klaffifchen Idealismus nur durch eine Verleugnung ihrer naturaliftifchen Jugend den Weg banen konnten, fo fufst die Romantik ebenfalls auf einer vielfach entgegengefetzten Vorftufe. Auch in Hinficht des Ausdrucks und feiner Bildlichkeit. Wir können hier von andern mehr gelegentlichen und vorübergehenden Einflüffen füglich abfchen; aber fämmtliche Glieder der Schule haben, bevor fie ihre engere Bundesgenoffenfchaft fchloffen und fich zu Goethes Füfsen fetzten, zeitweife unter der Einwirkung des Schillerfchen Geiftes geftanden und bei mehren zeigen fich die Folgen diefer Einwirkung auch unverkennbar im Stil[1]). A. W. Schlegel verftand es befonders in den 1796 und 1797 verfassten und in Schillers Mufenalmanach erfchienenen Gedichten «Pygmalion», «Prometheus», «die entfürten Götter» u. a. die glänzende Oberfläche Schillerfcher Diction, deffen mythologifche, in rhetorifches

---

[1]) Auch bei den oben nicht Genannten ift dies vorübergehend der Fall. Wackenr. ftimmt bei Holtei IV. 242 in T.s «Enthufiasmus über die Räuber und über Schiller» aus ganzer Seele ein; für N.s Schillerbegeifterung, welche auch feinen Stil beeinflusste, f. aufser den in den Schriften III. 129 ff. gegebenen Briefen noch Haym 328 und 902; und dass felbft Fr. Schl. urfprünglich für Schiller fchwärmte, hat Haym 887 aus ungedruckten Quellen nachgewiefen.

Pathos eingetauchte Bilderpracht meisterhaft nachzuamen²). In anderer Weise bildete sich der Stil des jugendlichen Tieck nach demjenigen des jungen Schiller. «Die Räuber beherrschten mein Gemüt ausschliefslich», bezeugt er selbst von jener Zeit³) und fügt hinzu, dass der junge Autor nocht nicht gelernt hatte, «wie man Licht und Schatten ausspart». Ist dies auch zunächst von der maßlosen Grässlichkeitsmalerei, welche namentlich dem Abdallah seine Farbe gab, gemeint, so gilt es doch in gleicher Weise von der ganz diesem Zweck entsprechenden Wal der Bilder. Sie leiden alle an einer Hypersthenie der Sinnlichkeit, an einer zu grofsen Handgreiflichkeit des zur Vergleichung herangezogenen Herganges. Es sind offenbar die Fufsstapfen des Sturmes und Dranges, in welche Tieck auch mit der Sprache trat; glaubt man doch sogar in einzelnen Wendungen das Echo der Anthologie, der Räuber oder des Fiesko zu vernehmen. Die Lektüre orientalischer Reisebeschreibungen und Märchen kam hinzu, um die Liebe für eine bildersprühende Sprache damals in Tieck zu bestärken⁴).

Die Beispiele sind zalreich, nur folgende seien erwänt.

«Der Schauder fasste ihm mit eiskalter Leichnamshand in den Nacken.» T. Nachgel. Schr. II. 3. — «Er warf seinen trostlosen Blick in die wüste Unendlichkeit hinaus und zog ihn langsam zurück, one nur .... eine Blume, die ihm irgendwo blühte, entdeckt zu haben.» Ebd. 5. — «Jedes Graufen stiefs ihn vor sich her, übergab ihn dem benachbarten Schauder und sprang dann von ihm zurück.» T. VIII. 142, Abd.

---

²) Die Gedichte stehn W. Schl. I. 38 ff., vgl. dazu Haym 146. —
³) T. VI. VI. VII. (Vorber. zur 2. Lieferung der Schr.) vgl. R. Köpke, Ludwig Tieck I. 31. — ⁴) Vgl. Köpke a. a. O. 113.

— Von «zwei riefengrofsen Gerippen»: «Einzelne dunkle Haare fchweiften flatternd durch die dämmernde Finfternis und feufzten in dem külen Nachtwind.... Aus den grinfenden nackten Gebiffen drängte fich der zerfchmetterte Gefang hervor.» Ebd. 151. — «Der aufgehende Mond brach feine dämmernde Stralen durch die Bogenfenfter.» T. VIII. 286. Ad. und E.

¶ 3. Haben wir fomit bis dahin vorwiegend eine Zeit ftiliftifcher Nachamung zu verzeichnen, fo beginnt mit dem Jare 1797, mit dem Erwachen eines felbftändigen romantifchen Geiftes auch eine felbftändige Behandlung der fprachlichen Gewandung. Der Gebrauch des Bildes wird ein wefentlich anderer, ja dem bisherigen entgegengefetzter. Mit einem Worte, das **Wefen der eigentümlich romantifchen Bildlichkeit befteht in einer zu geringen Sinnlichkeit.** Die zur Vergleichung gewälten Erfcheinungen find nicht folche, welche von felbft den Lefer zur finnlichen Widerholung nötigen, fondern welche diefe Widerholung fliehen und oft nur eine Gefülsanung des Gemeinten verftatten. Wir ftehen hier mit beiden Füfsen auf dem Grund und Boden der Romantik.

Ein Beifpiel. «Es wollte ihn darum keiner aus feinen Träumen aufwecken, fchreibt Tieck[5]), weil fie wol wussten, dass die Liebe ein füfser Ton ift, der im Orc fchläft und wie aus einem Traum feine phantafiereiche Melodie fortredet.» Unfere Einbildungskraft geht mit dem beften Willen an die Arbeit, uns zu einer Anfchauung der romantifchen Liebe zu verhelfen. Wir geben ihr zuerft auf, die Vorftellung eines Tones in uns zu erwecken. «Sehr gerne, aber welches Tones aus der unendlichen Fülle? Die Nachtigall fingt anders als der Rabe, die Trommel klingt anders als die Flöte.»

---

[5]) T. IV. 295, Mag.

Wir blicken auf unfern Satz und entdecken mit Staunen keine nähere Bezeichnung, als dass er »füſs« fein müſſe. »Welchen du willſt, nur füſs muss er fein«, befcheiden wir die Fragerin. Diefelbe fpringt fofort vom Gehör zum Gefchmack, entlehnt von ihm die Vorſtellung der Süſsigkeit und bekleidet damit etwa den Ton eines Waldhorns, der ihr allenfalls der paſſendſte zu fein fcheint. Zwar iſt der Einbildungskraft, welche gerne nur mit klaren Vorſtellungen zu tun hat, nicht ganz wol bei diefer Zwangsehe verfchiedener Sinne, fie muss bereits das Gefül ein wenig zu Hülfe rufen, welches beſſer in den Regionen unbeſtimmter Anungen zu Haufe iſt. Doch gelingt es ihr noch, uns ein, wenn auch fchwankendes Bild zu gewären. Aber wenn fie damit ihr Werk getan meinte, fo irrte fie leider. Die Liebe iſt ein füſser Ton, »der im Ore fchläft«, lefen wir ihr weiter vor. »Im Ore fchlafen?« Sie fucht lange vergeblich nach einer deutlichen Anfchauung eines im Ore fchlafenden Tones und kommt endlich zu dem Ergebnis, dass damit nur ein folcher gemeint fein könne, der auf halbem Wege der Warnehmung ſtehen geblieben, nicht zur vollen Perception des Bewusstfeins gediehen iſt. Es bleibt ihr alfo nichts übrig, als die blaſſe Vorſtellung des füſen Tons, welche fie mühfam errungen hatte, abermals zu halbiren und noch tiefer in den Schatten des Gefüls zurückzuſtellen. Und noch nicht genug damit: der füſe Ton fchläft nicht nur, fondern er träumt auch und zwar laut, er redet im Traum feine phantafiereiche Melodie fort. Vortrefflich! nun werden wir doch endlich vielleicht erfaren, was diefer füſe Ton will. Aber ach, wir fehen genauer hin — er redet ja garnicht wirklich im Traume, fondern nur »wie aus einem Traume«. Alfo auch das Träumen iſt noch nicht einmal diejenige Vorſtellung, die wir ganz haben dürfen, fondern nur änlich derfelben darf die unfrige fein. Unfere Einbildungskraft wirft verzweifelnd alle im Schweifse ihres Angefichts zufammengefuchten Anfchauungen dem Gefül in den Schofs und diefes lässt uns wenigftens dunkel empfinden, was der Dichter mit feiner Metapher von der Liebe habe fagen wollen.

Oder haben wir vielleicht die Farben zu ftark aufgetragen? Ift das Beifpiel nur ungünftig gewält oder unfere Einbildungskraft gar unbeholfener als billig? Es unterliegt keinem Zweifel, auch bei den Romantikern werden Bilder zu finden fein, welche eine genügend klare Anfchauung zulaffen und auch bei andern, in keinem Verdacht der Romantik ftehenden Dichtern werden dagegen einzelne ins Unbeftimmte verfliefsende Metaphern vorkommen. Allein dass wir mit der obigen Ausfürung die Grundrichtung der romantifchen Bildlichkeit im grofsen Ganzen — und darauf nur kommt es an — richtig bezeichnet haben, das ergeben deutlich die einzelnen Mittel, welche diefen Schriftftellern zur Abfchwächung der Sinnlichkeit ihrer Bilder dienen. Wir zälen der Reihe nach die hervorragendften Fälle auf.

¶ 4. Erftlich. Das Bild und Gleichnis wird garnicht aus dem Umkreis des finnlich Erfcheinenden, fondern aus demjenigen des unfinnlichen Seelenlebens entnommen. Wärend das eigentliche Wefen der Bildlichkeit eine Verfinnlichung des Unfinnlichen oder eine gröfsere Sinnlichkeit des minder Sinnlichen bedingt, tritt in diefen Beifpielen das Umgekehrte ein; das fchon an fich wenig Sinnliche wird mit dem garnicht Sinnlichen verglichen und ftatt der Einbildungskraft das Denken und Empfinden in Tätigkeit gefetzt. Es find auf dem Kopf ftehende Bilder, welche, ein handgreifliches Kennzeichen reflectiver Kunftrichtung, namentlich feit der Romantik in unfere neuere Dichtung eingedrungen und hier z. B. bei Lenau die tonangebenden für die ganze Bilderfprache geworden find.

«Dann verflog es aus feiner Seele wie eine ungewiffe Andung, die zuweilen nächtlich um den Menfchen wandelt und beim Schein des Morgens fchnell entflieht.» T. XVI. 64, St. — «Sie (die Geftalten) entfchimmern wie Gedanken, | Die der Schlaf hinweggefacht.» Ebd. 241.

Zweitens. Die fubjectiv und geiftig warnehmenden ¶ 5. Sinne werden durchweg vor denjenigen, welche objective und plaftifche Anfchauungen gewären, bei der Wal des Bildes bevorzugt. Das Gehör infonderheit, welchem die Romantik auch fonft ein entfchiedenes Übergewicht verleiht[6]), behauptet daffelbe über das Geficht auch in der Bildlichkeit der Rede. Wärend aufserhalb der Romantik die nicht aus der Warnehmung des Auges gezogenen Bilder gradezu als Ausnahmen angefehen werden müffen[7]), fo findet in ihr faft das umgekehrte Verhältnis ftatt. Die Bezeichnung «Bild», welche urfprünglich nur für das Geficht Gültigkeit hat, leitet deshalb hier ihr Recht ebenfo nur aus einer Übertragung a potiori her, wie es bei dem Gebrauch des Wortes «Anfchauung» fchon gewönlich ift. Wir laffen dem obigen Beifpiel noch einige andere folgen.

«Befonders ift der Geift des Dichters ein ewig bewegter Strom, deffen murmelnde Melodie in keinem Augenblicke fchweigt .... Er (der Geift des Dichters) darf .... aus unfichtbaren Harfen nie gehörte Töne locken, auf denen Engel und zarte Geifter hernieder gleiten und jeden Hörer als Bruder grüfsen, one dass fich diefer oft aus dem himmlifchen Grufse vernimmt» u. f. w. T. XVI. 64, St. — «Wie ein melodifcher Gefang, wie angefchlagene Harfenfaiten find diefe Blüten, diefe Blätter herausgequollen.» Ebd.

---

[6]) S. u. ¶ 43 ff. — [7]) Ganz befonders gilt dies von Leffing, dem Antipoden der Romantik auch in diefem Punkt. Vgl. A. Lehmann, Forfchungen über Leffings Sprache S. 15—16 u. die Beifpiele.

204. — »Diefer zarte Scherz .... fchaukelt fich in Wellen, Rofen, Knospen, Bildern, Bögen (des Strafsburger Münfters), um den harten Stein und Felfen wie in Mufik und Wollaut aufzulöfen.« Ebd. 223. — »Wie holde Lauben mit Vogelgefang und Blumenranken, wie Felfentäler mit klingenden Wafferfällen, wie die Wunder ferner Welt, die oft meine Phantafie geandet hat ...., fo allgenügend, fo vielfach, fo ganz erfüllend war mir feine Gegenwart.« Ebd. 262. — »Blumen küffen | Sich mit Tönen.« IX. 205, W. d. Bl.; vgl. IX. 350, j. G. « .... wodurch in ihnen (den Herzen der Frommen) die Melodien einwonend wurden und fich mit der dürftenden Seele küssten.« — Roderigo hatte von der Gräfin gefagt, »dass fie in Bewegungen Mufik fchriebe, dass jede Biegung der Gelenke ein Wollaut fei«. XVI. 378, St.; vgl. ebd. 346 und Gd. I. 235 »Es fchwingt fich wie Mufik der Bau der Glieder«. — »Da .... Eure (Mathildens) Geftalt eine himmlifche Mufik verkündigt.« N. I. 100, H. v. O. — Fr. Schl. rezenfirt den Wilhelm Meifter, als gelte es eine Symphonie: Wilhelms heifse Sehnfucht fcheint »fich im Genuss ihrer eigenen Töne zu lindern und zu erquicken .... Mit diefem fo harten Misslaut fchliefst das erfte Buch, deffen Ende einer geiftigen Mufik gleicht, wo die verfchiedenften Stimmen wie ebenfoviele einladende Anklänge aus der neuen Welt rafch und heftig wechfeln .... Das zweite Buch beginnt damit, die Refultate des erften mufikalifch zu widerholen .... Das Luftige und das Ergreifende, das Geheime und das Lockende find im Finale wunderbar verwebt und die ftreitenden Stimmen tönen grell neben einander. Diefe Harmonie von Diffonanzen ift noch fchöner als die Mufik mit der das erfte Buch endigte« u. f. f. Ath. I. II. 147 ff. (= S. W. VIII, 95 ff.). — »Wie rein Gefang fich

windet | Durch wunderbarer Saitenfpiele Raufchen ... |
So fliefset mir gediegen | Die Silbermaffe», fpricht der
Fluss bei. Fr. Schl. IX. 131, Gd.

Drittens. Wo nun aber das Bild doch der ¶ 6.
eigentlichen Gefichtsbeobachtung entlehnt ift,
da greift der Romantiker in der Stufenfolge, welche
die verfchiedenen Warnehmungen diefes Sinnes bilden,
mit Vorliebe nach den zur Unbeftimmtheit neigenden. Es ift natürlich, dass durch die häufige Widerkehr fchwankender Erfcheinungen, welche zunächft allerdings in der Sache felbft ihren Grund hat, auch dem
Stil eine eigentümliche Färbung mitgeteilt wird. Da unfere Phantafie von dem einfachen Eindruck des Blitzes,
von der Tätigkeit des Sehens, von der Handlung des
Malens und Zeichnens fich ein verhältnismäfsig deut-
liches Bild würde machen können, fo tritt bei Tieck
das Blitzern, das Äugeln, das Hinfchatten u. dergl. an
die Stelle. Unter den Farben hat bekanntlich keine fich
die Liebe der Romantiker fo zu erwerben verftanden,
wie die blaue. Natürlich! Keine verfetzt fo wie fie die
Phantafie in die Unendlichkeit der Atmofphäre hinein,
keine verfchwimmt fo wie fie «ins Blaue allegorifcher
Anfpielungen» hinüber. Die «blaue Blume» ift der
Grundton, auf den der ganze Heinrich von Ofterdingen
geftimmt ift; «wie ein blauer Lichtftrom» verfinkt der
Ton in der Magelone[8]); die Flöte charakterifirt fich
im Zerbino felbft mit den Worten[9]):

«Unfer Geift ift himmelblau,
Fürt dich in die blaue Ferne,
Wir .. deuten blaue Berge, Wolken,
Lieben Himmel fänftlich an» u. f. w.

Es «blitzerte mit füfser Gewalt | Das Lied durch
den dunkelgrünen Wald». T. X. 152, Z. — Die Sonne

---
[8]) T. IV. 305. — [9]) T. X. 291.

«äugelte mit glühendem Funkeln durch den dichten Wald». IV. 328, Mag. — «Das Rot der finkenden Sonne» «äugelte» «durch die Baumſtämme.» XVI. 36, St. — «Es äugelt die Nacht in den Buchengang hinein.» II. 117, Gen. — «Mein Gemüt ... ſchattet die Trefflichkeiten mit irdiſchen Farben hin.» XVI. 280, St. — «Jenen glänzenden Engel habe ich nur wie ein vorbeifliegendes Schimmerbild wargenommen.» Ebd. 71. — «wie flimmende Flammen.» Ebd. 249. — «Wie der fernſte Schimmerſchein | Fällt mein Name dir wol ein.» Ebd. 362. — vgl. «Funkelſchein». Ebd. 133 u. ö. — «Flimmerſchein». T. Gd. II. 78 u. 235.

§ 7. Viertens. Ganz beſonders eigentümlich romantiſch iſt ferner die Übertragung der verſchiedenen Sinnestätigkeiten und -äufserungen auf einander, um dadurch die Phantaſie in das Dämmerlicht geheimnisvoller Anungen zu verſetzen. Die obigen Beiſpiele von dem wie ein Lichtſtrom verſinkenden Tone und dem durch den Wald blitzernden Liede gehören ſchon mit hierher, weil in ihnen die Lebenswirkungen des Klanges in Geſichtsreize umgeſetzt werden. Allein viel häufiger iſt das Umgekehrte der Fall, entſprechend der romantiſchen Neigung, das Klare auf das weniger Klare, die Warnehmungen des Auges auf diejenigen des Ores herabzuſtimmen und womöglich alles in Muſik aufzulöſen. Im Zerbino wird dieſe Gütergemeinſchaft der Sinne ausdrücklich als das romantiſche Prinzip, als die im «Garten der Poeſie» geltende Weltordnung ausgeſprochen. Es heifst dort [10]) von den Blumen:

«Die Farbe klingt, die Form ertönt, jedwede
Hat nach der Form und Farbe Zung und Rede.
Was neidiſch ſonſt der Götter Schluss getrennet,
Hat Göttin Phantaſie allhier vereint,

---

[10]) T. X. 251.

So dass der Klang hier feine Farbe kennet,
Durch jedes Blatt die süfse Stimme scheint.
Sich Farbe, Duft, Gesang Geschwister nennet.
Umschlungen all sind alle nur ein Freund,
In selger Poesie so fest verbündet,
Dass jeder in dem Freund sich selber findet»
— wozu Tieck dann in den Phantasieen [11]) den prosaischen Kommentar liefert: »Die Mannigfaltigkeit in Blumen und Gesträuchen ist eine willkürliche Musik im schönen Wechsel, in lieber Widerholung: die Gesänge der Vögel, der Klang der Gewässer, das Geschrei der Tiere ist gleichsam wider ein Baum- und Blumengarten: die lieblichste Freundschaft und Liebe schlingt sich in glänzenden Fesseln um alle Gestalten, Farben und Töne unzertrennlich .... Zu jeder schönen Darstellung mit Farben giebt es gewis ein verbrüdertes Tonstück, das mit dem Gemälde gemeinschaftlich nur Eine Seele hat. Wenn dann die Melodie erklingt, so zucken gewis noch neue Lebensstralen in dem Bilde auf, eine gewaltigere Kunst spricht uns aus der Leinwand an und Ton und Linie und Farbe dringen in einander und vermischen sich mit inbrünstiger Freundschaft in Eins.« Nach diesem Prinzip erhält nun alles seine Musik: Mondschein, Düfte und Gemälde, wie umgekehrt wider von den Stralen, Düften, Gestalten der Musik gesprochen wird.

Sie sangen »mit süfser Kehle und blieben immer im Takte mit der Musik des Mondscheins«. T. XVI. 84, St. — »Da duften und klingen die Blumendüfte.« Ebd. 198. — Es gelang Sternbald sogar, »die Töne der Nachtigall in sein Gemälde hineinzubringen«. Ebd. 84; vgl. 302; u. 303: »Liegt nicht in einigen (Gemälden von der heiligen Familie) unendlich viele Musik?« —

---

[11]) Phantasieen über die Kunst. S. 118 u. 119.

«Dein süßes Lied beglänzt die arme Welt.» T. X. 83, Z.; vgl. ebd. 252 u. 292. — «Der einfarbige Lichtstral des Schalles ist in ein buntes funkelndes Kunstfeuer zersplittert, worin alle Farben des Regenbogens flimmern.» Ph. 182. vgl. 177, 204 u. ö. — Die Mufikanten «füllten die ganze Luft mit den lieblichen Düften ihres Klanges an». Ebd. 175. — «Die Mufiktöne gleichen oft einem feinen flüffigen Elemente, einem klaren, spiegelhellen Bache, wo das Auge sogar oft in den schimmernden Tönen warzunehmen glaubt, wie sich reizende, ätherische und erhabene Gestalten eben zusammenfügen wollen» u. f. w. Ebd. 243.

¶ 8. Fünftens. Das Unvermögen unserer Phantasie, solchen Sinneswarnehmungen zu folgen, wird noch wesentlich erhöht, wenn die Bilder in unaufhörlichem Wechsel an einander gereiht sind und in einander übergreifen. Hätten wir es nur mit vereinzelten Fällen zu tun, nun, unsere Phantasie würde sich zu trösten wissen und von den unvollziehbaren Bildern bei den sinnlicheren und klareren Erholung suchen. Umtanzen uns aber dieselben schwankenden Erscheinungen in stets sich erneuendem Kreislauf, so ermüdet am Ende auch die kräftigste Phantasie, lässt die Flügel hängen und begnügt sich lediglich mit dem allgemeinen Eindruck. Dahin bringt es die Romantik und namentlich Fr. Schlegel mit vollem Bewusstsein. Der Stil der kleinen Wilhelmine in der Lucinde ist sein Ideal [12]. «Die Blüten aller Dinge jeglicher Art flicht Poesie in einen lichten Kranz, und so nennt und reimt auch Wilhelmine Gegenden, Zeiten, Begebenheiten, Personen, Spielwerk und Speisen, alles durcheinander in romantischer Verwirrung, soviel Worte soviel Bilder und das ohne alle Nebenbestimmungen und künstlichen Über-

---

[12]) Lucinde. Neue unveränderte Ausg. Coburg 1868. S. 21.

gänge, die am Ende doch nur dem Verstande frommen und jeden künern Schwung der Phantasie hemmen.» Was Wunder, wenn die unglückliche Dorothea, welche seine Verse stehenden Fusses von dem noch feuchten Papier anzuhören hat, «unmöglich gleich den Sinn fassen kann» und sich dafür von ihm anfaren lassen muss [13]). Fr. Vischer rechnet übrigens diese Häufung gewagter Bilder ausdrücklich zur Katachrese. Dieselbe fände auch dann statt, sagt er [14]), «wenn eine üppige Phantasie keine Grenze mehr achtet und mit Künheiten, die bei richtigem Mafs erlaubt wären, gar zu freigebig ist, wie die romantische mit ihren ewigen klingenden Farben, duftenden Tönen, singenden Blumen u. s. w.»

«Die schwangre Zukunft rauscht mit mächtgem Flügel,
Ich öffne meiner Lebensban die Schranken;
Schau in des klaren Geistes tiefsten Spiegel! —
Da kämpf ich Werke bildend sonder Wanken,
Entreisse jeder Wissenschaft das Siegel,
Verkündge Freunden heilige Gedanken
Und stifte allen Künsten einen Tempel,
Ich selbst von ihrem Bund ein neu Exempel.»
Fr. Schl. Ath. III. 1. 3 = S. W. IX. 81.

Sechstens. Endlich ist auch der Fall nicht ganz unerhört, dass der Ausdruck des romantischen Bildes selbst den etwa gemeinten sinnlichen Vorgang nicht genügend erkennen lässt. Namentlich Fr. Schlegel lässt sich von seiner dithyrambischen Phantasie gelegentlich in solche Dunkelheiten fortreissen.

«Noch war er nicht ganz verdorben, als im Schofs der einsamen Wünsche ein heiliges Band der Unschuld in seine Seele blitzte.» Fr. Schl. Luc. S. 64. — Auch N. II. 3, II. a. d. N.: «mit einemmale riss das Band

---
[13]) So berichtet Dorothea selbst an Schleierm., s. Aus Schleierm.s Leben III. 150. — [14]) Vischer, Ästhetik Tl. III. Abschn. II. Heft 5. S. 1231.

der Geburt des Lichtes Feffel» — würde ebenfo unklar fein, wenn nicht der ältefte Text, Ath. III. II. 191 durch einen Gedankenftrich zwifchen «Geburt» und «des Lichtes Feffel» das letztere als Appofition kennzeichnete.

¶ 10. Es ift ja war, dass die Bildlichkeit der Rede das Lebenselement jeder dichterifchen Darftellung ift und dass damit das Bild auf dem Standpunkt der Poefie aufhört, nur Bild zu fein. Es wird in der Sphäre der Dichtung Wirklichkeit, wie es in der Sphäre der Wirklichkeit Dichtung war. Wir können deshalb dem Hardenbergfchen Fragment [15]) völlig beiftimmen, welches fagt, dass der Dichter alle Materialien borge «bis auf die Bilder». Allein es ift eine jener charakteriftifchen Übertreibungen, welche die Anwendung diefes Satzes bei den Romantikern erfärt. Ihrem einfeitigen Idealismus galt das Reich der Poefie als das allein berechtigte, als «das abfolut Reelle» [16]). Die ,Wirklichkeit des Lebens diente demfelben nur noch einftweilen zur Folie, bis fie reif geworden war, darin aufzugehen. Deshalb fchlagen fie folange auf jenen Nagel, bis er auf der andern Seite der Wand wider herauskommt, bis die Warheit zur Unwarheit geworden ift. Es kann noch ziemlich unverfänglich gedeutet werden, was A. W. Schlegel im Athenäum [17]) fchreibt: «Im Stil des echten Dichters ift nichts Schmuck, alles notwendige Hieroglyphe». Es find aber wol nur Kommentare dazu, die die Propheten der romantifchen Doctrin, Hardenberg und Fr. Schlegel, geben. Erfterer verkündet in den Lehrlingen von Sais [18]): «Man

---

[15]) N. III. 178, Fr. — [16]) Ebd. 171. — [17]) Ath. I. II. 45 = W. Schl. VIII. 15. — [18]) N. II. 68 ff.

beschuldigt die Dichter der Übertreibung und hält ihnen ihre bildliche, uneigentliche Sprache gleichsam nur zu gute ...; aber mir scheinen die Dichter noch bei weitem nicht genug zu übertreiben, nur dunkel den Zauber jener Sprache zu anden und mit der Phantasie nur so zu spielen, wie ein Kind mit dem Zauberstabe seines Vaters spielt. Sie wissen nicht, welche Kräfte ihnen untertan sind, welche Welten ihnen gehorchen müssen. Ist es denn nicht war, dass Steine und Wälder der Musik gehorchen? .. Blühen nicht wirklich die schönsten Blumen um die Geliebte..? Wird für sie der Himmel nicht heiter und das Meer nicht eben? — Drückt nicht die ganze Natur, so gut wie das Gesicht und die Geberden, der Puls und die Farben, den Zustand eines jeden der höheren, wunderbaren Wesen aus, die wir Menschen nennen? Wird nicht der Fels ein eigentümliches Du, eben wenn ich ihn anrede?« u. s. f. Und Fr. Schlegel fügt der »Rede über die Mythologie« in der späteren Bearbeitung, aber ganz im Sinne des »Gesprächs über die Poesie« folgende Worte ein [19]: »Welch unermesslich reiche Natur-Symbolik liegt nicht in jenen Schilderungen und Gleichnissen verhüllt, welche die Dichter aus der sichtbaren Fülle der Natur, so wie sie dem sinnlichen Auge erscheint, entlehnen; in jenen gewönlichen Bildern, meine ich, von rieselnden Quellen und leuchtenden Flammen, von Blumen und Sternen, überhaupt von der grünenden Erde, sammt allen ihren Gewächsen und Gebilden .... Bei dem blosen Gewonheitsdichter, der nur von der Oberfläche wegsingt, was ihn grade beschäftigt, oder wie es allgemein hergebracht und üblich ist, da ist das alles ein leerer und eitler Schmuck, eine überflüssige und beschwerliche Zierat.

---

[19] Fr. Schl. V. 205, eine Stelle, welche Ath. III. 1. 104 sich noch nicht findet.

Bei dem waren Dichter aber haben alle diese Bilder und Gleichnisse eine tiefe Bedeutung, und wol wäre es lonend und belehrend, wenn ein im Geist erhellter Naturphilosoph diese Symbolik, welche in den Sinnbildern der Poesie verborgen liegt, hervorzöge und ... zusammenstellte; oder .... ein begeisterter Naturdichter .... mit Bewusstsein, was er als Denker und Seher in der Natur erkannt, nun in Poesie in jenem bildlichen Frühlingsgewande aussprechen wollte."

Die romantische Bildlichkeit nimmt also eine tiefere Bedeutung für sich in Anspruch, als ihre Oberfläche zeigt, sie ist der ausgestreckte Finger in eine andre geheimnisvolle Welt, welche nur dem Auge des «im Geist erhellten Naturphilosophen», des «Denkers und Sehers» sich entschleiert. Diese wunderbare Beziehung weiht das romantische Bild, ja mit dem Bild die ganze romantische Sprache zu etwas höherem ein. Denn nicht etwa nur den Ausdrücken, welche wir nach unserer bisherigen einfältigen Praxis sofort als metaphorische erkennen würden, sondern der ganzen sprachlichen Darstellung des Romantikers liegt eine bildliche, allegorische und symbolische Bedeutung, eine Anspielung auf die Geheimnisse eines höheren Lebens zu Grunde. Das ist ein hochwichtiges romantisches Stilgesetz, dem wir zur Erschöpfung unseres Gegenstandes notwendig näher treten müssen.

Die ganze Welt des Erscheinenden birgt hinter ihrer Hülle eine zweite Welt, in die weder unser Auge noch unser Denkvermögen Zutritt hat, welche aber in wunderbarer Weise jener ersten auf allen Punkten entspricht. Beide sind wie durch Pedalkoppel mit einander verbunden, so dass jedes Berüren der einen sofort ein geheimnisvolles Mitklingen der andern hervorruft. Aber kein Verstand wird je die wunderbaren Fäden, welche von hier nach dort füren, entdecken können, nur die begeifterte Phantafie ant ihr Dafein und fchwingt fich ficher an ihnen hinüber.

Der Punkt, an dem die romantifche Anung am ¶ 11. häufigften die Hebel anfetzt, in die neue Welt vorzudringen, ift, wenn wir unwichtigeres bei Seite laffen, die Naturphilofophie. Es find hier durchweg die Schellingfchen Gedanken, welche befruchtend in die empfängliche Seele der Romantiker fallen. Schelling hatte fich in Leipzig mit Eifer auf phyfikalifche Studien geworfen [20]), hatte 1797 die »Ideen zur Philofophie der Natur«, 1798 die Schrift »Von der Weltfeele« erfcheinen laffen und im Herbft deffelben Jares feine Jenaer Antrittsvorlefung »von der Notwendigkeit, die Natur aus ihrer Einheit zu faffen«[21]), gehalten. Von den Ergebniffen und der Methode der Wiffenfchaftslehre ausgehend entwickelte er die Identität des Gemüts und der Materie. »Die Natur foll der fichtbare Geift, der Geift die unfichtbare Natur fein.« Jeder Naturorganismus trägt in fich etwas fymbolifches, eine Abfpiegelung der Menfchenfeele. Hauptaufgabe der Naturphilofophie ift: die Zurückfürung aller vereinzelten Kräfte zu einer Einheit.

Diefe Anfchauungen in der poetifch angehauchten Darftellungsweife ihres Urhebers waren der Romantik wie auf den Leib zugefchnitten [22]).

Hardenberg, von jeher der Phyfik befreundet [23]), verarbeitete fie mit fo begeifterter Syftemlofigkeit, dass Schelling und fein Schildträger Steffens wenig erbaut waren von dem »fragmentarifchen Wefen, wo man die Natur gleichfam auf witzigen Einfällen zu ertappen fucht und alles nur auf ein regellofes Zufammenhäufen folcher Einfälle hinausläuft«, und fchon anzüglich genug von

---

[20]) Aus Schellings Leben in Brfen. Lpz. 1869. Bd. I. S. 129 ff. — [21]) Steffens, Was ich erlebte. IV. 76. — [22]) Über das Verhältnis der einzelnen Romantiker zur Naturphilofophie vgl. Haym 610 ff. — [23]) N. I. XXII.

»Schlegelianismus der Naturwiffenfchaften« fprachen²¹). Schlegelfch war freilich das Gewand, der naturphilofophifche Kern aber unverkennbar Schellingfch. Hardenberg ift leidenfchaftlich darauf verfeffen, die Kräfte der Seele auf das Naturleben und die Erfcheinungen der Materie auf den Geift zu übertragen, nicht etwa nur in unfchädlicher Spielerei der Phantafie, fondern in der bewussten Vorausfetzung einer Uridentität beider. Aus der gegenfeitigen Befruchtung von Pfychologie und Phyfik würden beiden ungeante Erkenntniffe erwachfen.

»Wie wenig hat man noch die Phyfik für das Gemüt und das Gemüt für die Aufsenwelt benutzt.« N. II. 100, Fr. — »Die Phyfik ift nichts als die Lehre von der Phantafie.« Ebd. 111. — »Jeder durchfichtige Körper ift in einem höhern Zuftande, er fcheint eine Art des Bewusstfeins zu haben.« Ebd. 114. — »Die Natur hat Witz, Humor, Phantafie u. f. w. Im Tierreiche war die Natur am witzigften, hier ift fie durchaus humoriftifch. Die Stein- und Pflanzennatur trägt mehr das Gepräge der Phantafie.« Ebd. 115.— Ebenfo kehren die Naturgefetze in der Pfychologie wider. Keinem fiel es bisher ein, noch neue, ungeante Kräfte in der Seele aufzufuchen. »Wer weifs, welche wunderbare Vereinigungen, welche wunderbare Generationen uns noch im Innern bevorftehen.« Ebd. 100. — »Sollte Kälte wirklich die Muskeln ftärken, fo müssten Witz, Scherz und Leichtfinn auch wol die geiftigen Muskeln ftärken und erfrifchen.« Ebd. 121. — »Galvanismus des Geiftes« war im Sommer 1798 ein Stichwort der Hardenbergfchen Unterhaltung. Aus Schleierm.s Leben, III. 77 und 81.

Fr. Schlegel felbft, fo fehr er in den Dresdner

---

²¹) So Steffens in einem Brf. an Schelling: Aus Schellings Leben. I. 277.

Briefen die phyſiko-pſychologiſche Theorie Hardenbergs zum Gegenſtand ſeiner Kapriolen macht, konnte ſich doch nicht dem naturphiloſophiſchen Anſteckungsſtoff, welcher nun einmal die Romantik ergriffen hatte, entziehen. Er benutzt die vortreffliche Gelegenheit in Dresden, wo er mit Wilhelm und Caroline, mit Hardenberg, Schelling und Gries zuſammentraf[25]), um «doch dieſe Wiſſenſchaft eben auch zu lernen» und meint, da er ſchon Hefte zur Phyſik habe, werde er auch bald eine Phyſik haben[26]). — In dem «Geſpräch über die Poeſie» von 1799 ſetzt er dann, wie wir unten ſehen werden, die neue Naturphiloſophie in Fluss, um die Mühlen des romantiſchen Dichters der Zukunft zu treiben.

Änlich iſt dann auch das Verhältnis W. Schlegels und Tiecks zur Naturphiloſophie. Beide wiſſen ſich zwar frei von eigentlich philoſophiſchen Intereſſen, aber beide erklären die Schellingſchen Ideen für gute Priſe der romantiſchen Poeſie. Der erſtere ſieht in ihnen das beſte Mittel, dem lang dauernden «Depoetiſationsprozess» Einhalt zu tun und endlich einmal Luft, Feuer, Waſſer, Erde wider zu poetiſiren[27]); und der andere fürt dieſe Abſicht durch die Tat aus, indem er ſich im getreuen Eckart und im Runenberg in die dämoniſchen Beziehungen des Natur- und Gebirgslebens zum menſchlichen Gemüt verſenkt. Dieſe allgemeine Umſetzung der philoſophiſchen Paragraphen in poetiſche Anſchauungen musste endlich auch auf ihren Erzeuger ſelbſt zurückwirken. Schelling ſelbſt fing an, poetiſche Formen für ſeine Gedanken zu benutzen. «Er hat, ſchreibt Caroline im Mai 1801 an

---

[25]) Über dies romantiſche Stelldichein ſ. Aus dem Leben von J. D. Gries (als Handſchrift gedruckt) 1855. S. 25 ff. — [26]) Aus Schleierm.s Leben III. 88. — [27]) In einem Brf. an Schleierm. Aus Schleierm.s Leben III. 182.

ihren Gatten [28]), eine unzälige Menge folcher kleinen Gedichte, worin die Naturphilofophie und fein Gemüt innig verwebt find."

¶ 12. Wenn nun die romantifche Poefie die Darftellung jener andern, hinter der Natur verborgenen Welt fein will, welche fprachlichen Mittel ftehen ihr zur Erreichung diefes Zieles zu Gebote? Das ift klar, der direkte Ausdruck vermag nicht an das alle Erfarung Überfteigende heranzureichen, fondern "das Höchfte kann man, eben weil es unausfprechlich ift, nur allegorifch fagen" [29]). Als Rätfel muss es erfcheinen, und das Rätfelhafte ift demnach "die Quelle von dem Phantaftifchen in der Form aller poetifchen Darftellung" [30]). Aber "die Sprache, die, urfprünglich gedacht, identifch mit der Allegorie ift, das erfte unmittelbare Werkzeug der Magie" [31]), eignet fich auch vorzüglich zu einem folchen fymbolifchen Gebrauch. Denn die Sprache ift felbft, nach den Worten des romantifchen Sprachforfchers, des Schwagers Tiecks, Bernhardis [32]), eine "Allegorie des Menfchen und feiner Natur, eine finnliche Konftruction und Chiffer feines Wefens" und wird in ihrer Bildung vom einzelnen Laut bis zum umfaffenden Satzgebäude durchweg von fymbolifchen Tendenzen geleitet.

Doch das find allgemeine Grundfätze, wie fteht es um ihre Anwendung im Einzelnen? Dem Verfuch, diefe Frage zu beantworten, ftellen fich freilich grofse Schwierigkeiten in den Weg. Denn es gehört zum Wefen der

---

[28]) Caroline. Brfe. u. f. w. Herausg. v. Waitz. Lpz. 1871. Bd. II. 93; vgl. über Schellings damalige poetifche Verfuche Aus Schellings Leben I. 247 und Haym 634 ff. — [29]) Fr. Schl. im Gefpr. ü. d. Poefie, Ath. III. 1. 107 = S. W. V. 209. — [30]) Ebd. 121 — 220. — [31]) Ebd. 183 — (etwas verändert) 236. — [32]) A. F. Bernhardi, Sprachlehre. Berl. 2 Tle. 1801 — 3. I. 69 u. 100; vgl. W. Schl.s Rezenfion, XII. 141 ff. und Hayms Befprechung diefes Werkes, S. 852 ff.

ganzen Romantik, dass ihre Wünfche immer ihren Taten weit vorauseilen, dass fie Türme baut, deren Koften ihre eigne Kaffe am wenigften zu beftreiten vermag. Sie giebt uns deshalb auch für unfere Frage viel mehr gute Lehren als ein handgreifliches Vorbild, viel mehr Regeln als Beifpiele. Wenn wir jedoch dem Folgenden diefen Mangel zu gute halten, fo werden die ftiliftifchen Mittel, welche die Romantik hat oder zu haben meint, um die Welt des Geheimniffes zu entfchleiern, hauptfächlich drei fein.

Erftens. Die Metapher. Diefe, welche uns oben ¶ 13. bereits zu unferer ganzen Unterfuchung den Weg wies, ift als «eine Gleichfetzung verfchiedener Bilderfphären» der fprachliche Ausdruck für den innerften Zufammenhang beider Welten. «Betrachten wir die Sprache als Spiegel und Bild von uns felbft, fchreibt Bernhardi, und W. Schlegel citirt es beifällig [33]), fo liegt der Gedanke fehr nahe, dass es nur eine fcheinbare Trennung fei, wenn wir die Welt in eine finnliche und eine unfinnliche zerfchneiden, fondern dass die eine die andere nur reflectire, und dass ein geheimes Band zwifchen beiden fei, welches die Sprache durch die Metapher ausdrückt und nach deffen Entdeckung die Philofophie von jeher ftrebte, one es jedoch als feit kurzem aufzufinden.» Eine Anwendung diefes Satzes giebt uns der Verfaffer felbft, wenn er in einer Rezenfion des Schlegel-Tieckfchen Mufenalmanach von 1802 über Fr. Schlegels Romanze vom Licht fchreibt [34]), dass hier das Univerfum durch eine «Vermifchung aller Metaphern und eben dadurch die abfolute Identität bewundernswürdig ausgedrückt» werde.

Zweitens. Die Allegorie. Als Tieck im Jare ¶ 14.

---
[33]) Bernhardi a. a. O. 84 = W. Schl. XII. 147. — [34]) f. Koberftein, Grundriss IV. 828 u. Haym 756; die Romanze felbft: Fr. Schl. IX. 85.

1796 feine Bearbeitung des Sturmes mit einer, allerdings schon früher gefchriebenen Einleitung über »Shakefpeares Behandlung des Wunderbaren« [35]) herausgab, fprach er fich in der letzteren fehr kräftig gegen die poetifche Benutzung von allegorifchen Wefen aus, die er »unwirkfam« nennt und erklärend hinzufügt, die Allegorie habe nicht die täufchende Kraft; »man fieht den Directeur gleichfam mit der Hand unter feine nachamenden Marionetten greifen« [36]). Als derfelbe Tieck dann aber 1798 den Sternbald veröffentlichte, da verkündigte er durch das ganze Werk den äfthetifchen Grundfatz, dass alle Kunft allegorifch fein müffe. »Wir fügen zufammen, fagt er [37]), wir fuchen dem Einzelnen einen allgemeinen Sinn aufzuheften und fo entfteht die Allegorie. Das Wort bezeichnet nichts anders als die warhafte Poefie, die das Hohe und Edle fucht und es nur auf diefem Wege finden kann.« So widerfprechend beide Äufserungen fcheinen, fo wenig find fie es. Die Allegorie, welche die Romantiker verabfcheuen, ift die einer klaren Verfinnlichung dienende, fymbolifche Darftellung beftimmter Begriffe und Handlungen, welche ebenfo, wie fie in die Allegorie überfetzt wurden, auch jederzeit eine Rücküberfetzung zulaffen. Die eigentlich romantifche Allegorie dagegen foll das über das ganze Kunftwerk fich verbreitende Spiegelbild unausfprechlicher Anungen und Empfindungen fein, durch welches wir wie von ferne in die Geheimniffe der Kunft, der Philofophie u. f. w. hineinfchauen. »Die ware, höchfte Allegorie«, heifst es daher in den Phantafieen [38]), verliert wol eben durch fich felbft wider »die kalte Allgemein-

---

[35]) Der Sturm. Ein Schaufpiel von Shakefpeare. Bearbeitet v. L. Tieck. Berl. u. Lpz. 1796. S. 1 ff., jetzt auch Krit. Schr. v. L. Tieck, 2 Bde., Lpz. 1848. I. 35 ff. — [36]) Ebd. 3 u. 7 = 39 u. 42. — [37]) T. XVI. 282, St. — [38]) Ph. 264; die Stelle gehört T. zu.

heit». In diefem Sinne fagt Tieck[39]), dass er, «vom
Calderon für die allegorifche Poefie begeiftert» im Octavian verfucht habe, feine «Anficht der romantifchen
Poefie, allegorifch, lyrifch und dramatifch niederzulegen».
In diefem Sinne find auch feine früheren Dichtungen,
die Volksmärchen, der Zerbino, die Genoveva allegorifch. In diefem Sinne nimmt ferner Fr. Schlegel für
die vier unfterblichen Romane, von denen er in der
Lucinde träumt, die Allegorie in Anfpruch. «Auch in
dem, heifst es dort[40]), was reine Darftellung und Tatfache fcheint, hat fich Allegorie eingefchlichen und unter die fchöne Warheit bedeutende Lüge gemifcht. Aber
nur als geiftiger Hauch fchwebt fie befeelend über die
ganze Maffe, wie der Witz, der unfichtbar mit feinem
Werke fpielt und nur leife lächelt.» Er lobt befonders
diejenigen «Dichtungen der alten Religion», deren «fchöne
Bedeutfamkeit unbeftimmt geblieben ift und immer neue
Deutungen und Bilder erlaubt» und fpricht es endlich
in dem Gefpräch über die Poefie mit nackten Worten
aus[41]): «Alle Schönheit ift Allegorie». In diefem Sinne
allegorifch verfärt endlich auch Hardenberg. Eins feiner Fragmente lautet[42]): «Alles Vollendete fpricht fich
nicht allein, es fpricht feine ganze mitverwandte Welt
aus. Daher fchwebt um das Vollendete jeder Art der
Schleier der ewigen Jungfrau, den die leifefte Berürung
in magifchen Duft auflöft, der zum Wolkenwagen des
Sehers wird.» «Eine leife Hindeutung auf Allegorie»
müffe fein geplanter bürgerlicher Roman haben[43]). Der
Heinrich von Ofterdingen verläuft bekanntlich fchon
vor dem Schluss in vollftändige Allegorie und die Lehr-
linge, von deren «ungeheuren Offenbarungen» Carl von
Hardenberg nach dem Tode feines Bruders an Tieck

---

[39]) T. I. XXXVIII, Vorber. z 1. Lieferg. — [40]) Luc. S. 103. —
[41]) Ath. III. 1. 107 = S. W. V. 209. — [42]) N. II. 162. — [43]) N. III. 166.

fchreiben konnte⁴⁴), tun es fchon von Anfang an. Der Einzeltropus verfchwindet hier deshalb faft völlig, weil alles Tropus geworden ift. Überall aber zeigt fich das eigentümlich Romantifche in diefer allegorifirenden Poefie darin, dass der Lefer trotz des beftimmten Bewusstfeins, dass hier mehr gefagt werden folle, als die Worte verraten, dennoch faft nie im Stande ift, diefes Mehr zur klaren, begriffsmäfsigen Vorftellung zu verdichten, fondern, geplagt wie Tantalus, fofort die Frucht feiner Arbeit einbüfst, wenn er die Hand danach ausftreckt.

Die Kunftformen, welche nach Anficht und Praxis der Romantiker fich für diefe Allegorie vorzüglich eignen, find das Märchen und der Roman. Jenes «ift gleichfam der Kanon der Poefie» ⁴⁵). «Alle Märchen find nur Träume von jener heimatlichen Welt, die überall und nirgend ift» ⁴⁶) und «in einem ächten Märchen muss alles wunderbar, geheimnisvoll und zufammenhängend fein . . . . die ganze Natur muss wunderlich mit der ganzen Geifterwelt gemifcht fein» ⁴⁷). Danach find dann die Märchen in den Lehrlingen und im Heinrich von Ofterdingen verfertigt als romantifch-allegorifirende Brennpunkte der ganzen Dichtung, in der fie ftehen, und deshalb zugleich der verborgenen Welt des Kunft- und Naturlebens, welche in diefer ihre Verklärung findet ⁴⁸).

Diefe Märchenbegeifterung übertrug fich auch von Hardenberg auf feinen Freund Friedrich, welcher z. B. im Sommer 1799 an Caroline fchreibt ⁴⁹), dass er guter Hoffnung mit Märchen fei, denn er brauche zwei ordent-

---

⁴⁴) Briefe an L. Tieck. Herausg. v. K. v. Holtei. 4 Tle. Breslau 1864. I. 321. — ⁴⁵) N. III. 165. — ⁴⁶) N. II. 171. — ⁴⁷) Ebd. 170. — ⁴⁸) Eine nähere Befprechung diefer Märchen findet man bei Haym 351 u. 383; desjenigen im Heinrich v. O. auch bei G. Brandes, Hauptftrömungen der Lit. des 19. Jrh., überfetzt von Strodtmann. 4 Bde. Berl. 1872 ff. II. 276. — ⁴⁹) Caroline a. a. O. I. 258.

liche zur zweiten Lucinde, «das eine foll die Liebe bedeuten und das andere die Poefie», wärend Tieck fchon aus eigenfter Neigung mit der Naturphilofophie nichts befferes anzufangen wusste, als fie in die Märchenpoefie zu verftecken. Daffelbe Prinzip der Allegorifation beherrfcht andererfeits auch den romantifchen Roman. Denn derfelbe ift beftimmt, wie W. Schlegel in Übereinftimmung mit feinen Freunden erklärt [50]), «die zarteren Geheimniffe des Lebens, die nie vollftändig ausgefprochen werden können, in reizenden Sinnbildern erraten zu laffen».

¶ 15. Drittens. Die Mythologie — nicht die alte klaffifche, fondern eine neue romantifche. Es ift gewis, kein befferes Mittel hätte die Schule haben können, das Bild des Unausfprechlichen in das Wort zu bannen als eine Mythologie, wenn diefe nicht ihr — pium defiderium geblieben wäre. So aber müffen wir leider aus dem Ziel, das fie fich fteckte, auf den Weg, den fie gehen wollte, fchliefsen. Fr. Schlegel und Schelling übernehmen diesmal die Fürung [51]). In dem Gefpräch des erfteren über die Poefie trägt Ludovico eine merkwürdige «Rede über die Mythologie» vor [52]). «Soll das

---

[50]) W. Schl. IX. 111. — [51]) Vgl. auch die Ausfürungen bei Haym 648, 692 u. 838. — [52]) Ath. III. 1. 94 ff. u. Fr. Schl. S. W. V. 196 ff., an letzterem Orte freilich etwas verändert, indem namentlich dem Begriff der Mythologie derjenige der fymbolifchen Naturanficht epexegetifch und abfchwächend an die Seite geftellt wird. Andeutungen über den hohen Wert der Mythologie geben die Romantiker auch fonft z. B. Fr. Schl. V. 79 (Über das Studium d. griech. Po.): «Der griechifche Mythus ift, wie ein treuer Abdruck im klarften Spiegel, die beftimmtefte und zartefte Bilderfprache für alle ewigen Wünfche des menfchlichen Gemüts, mit allen feinen fo wunderbaren als notwendigen Widerfprüchen; eine kleine vollendete Welt der fchönften Anungen der kindlich dichtenden Vernunft.» Den «unfchätzbaren Vorteil, einen beftimmten mythifchen Kreis zu haben», wie ihn die katholifche Religion dem Maler biete, betont auch W. Schl. Ath. II. 1. 135 = S. W. IX. 92

höchfte Heilige, ruft er aus, immer namenlos und form-
los bleiben? .... Ihr müsst es oft im Dichten gefült
haben, dass es euch an einem feften Halt für euer
Wirken gebrach, an einem mütterlichen Boden, einem
Himmel, einer lebendigen Luft .... Es fehlt .... unferer Poefie an einem Mittelpunkt, wie es die Mythologie für die der Alten war.... Wir haben keine Mythologie, aber .... wir find nahe daran, eine zu erhalten
.. — oder vielmehr es wird Zeit, dass wir ernfthaft
dazu mitwirken follen, eine hervorzubringen.» Diefe neue
Mythologie, wird dann weiter entwickelt, müffe als «ein
hieroglyphifcher Ausdruck der umgebenden Natur» aus
einem fchöpferifchen Zufammenwirken der verfchiedenen
Faktoren des Zeitalters, des Idealismus und des Spinoza,
der Phyfik und der widererweckten orientalifchen Poefie
herauswachfen.

Das nächfte Intereffe, welches der Romantik diefe
mythologifchen Träume eingab, war ja freilich ein in
hohem Grade praktifches, jenes nämlich, welches fie
fchliefslich ftatt der unerreichbaren Mythen den hand-
greiflichen Katholicismus erwälen liefs. Allein es liegt
auf der Hand, auch der romantifche Stil würde, falls
fie zur Frucht hätten reifen können, eine wefentliche
Bereicherung erfaren haben. Die mythologifchen Namen
und Vorgänge hätten die Miniaturbilder der bisher
unausgefprochenen Welt, die Spalten, durch die wir in
den romantifchen Himmel hineinfehen könnten, werden
müffen. Und doch, es wäre ein Irrtum, zu meinen, dass
die Klarheit und Plaftik der romantifchen Bilderfprache
dadurch gewonnen haben würde. Unfer Mythologe behauptet a. a. O. ausdrücklich, die neue Mythologie müffe

---

(«die Gemälde». Gefpräch 1798). Endlich N. III. 186, Fr.: «In Hans
Sachs liegt der Entwurf einer eignen Art von allegorifcher, fittlicher,
ächtdeutfcher Mythologie.»

nicht wie die alte in unmittelbarem Anschluss der Phantasie »an das nächste, lebendigste der sinnlichen Welt«, sondern »aus der tiefsten Tiefe des Geistes heraus« im Anschluss an das grofse Phänomen des Zeitalters, den Idealismus, entstehen. Die abstrakten Vorstellungen des Geistes waren also zum Fruchtboden der mythologischen Bilder bestimmt und an die innern Organe der Seele, nicht an die äufseren der Sinne würde sich ihre Sprache gerichtet haben. Es war daher kaum zu verwundern, dass Tieck, diese kraftlosen Träumereien lächerlich machend, im Anti-Faust meint [53]), es sei vielleicht das erste Stückchen der neuen Schlegelschen Mythologie, dass der Merkur wider Schattenfürerdienste thue.

Wir haben demnach auf der Höhe der romantischen Bildlichkeit kein anderes Ergebnis gewonnen, als am Eingang: eine unsinnliche, teils von nebelhaften Gefülen, teils von wissenschaftlichen Tendenzen angekränkelte Phantasie bestimmt den Grundton des romantischen Bildes. Sie wird von unsern Dichtern als »die Phantasie in höherem Sinne« gepriesen und W. Schlegel beschreibt sie näher [54]) als »die innere Anschauungskraft dessen, was nicht dem Grade oder der Zusammensetzung, sondern der Art nach alle äufsere Wirklichkeit übersteigt; ein lichtvolles Träumen in der stillen Nacht des inneren Sinnes, bei dem Künstler mit der Gabe verbunden, die geheimnisvollen, nie von der Seele, ihrer Geburtstätte, ganz abzulösenden Bilder durch eine ebenso zauberische Darstellung mitzuteilen«.

---

[53]) Anti-Faust 1801 in L. Tiecks Nachgel. Schr. I. 135. —
[54]) W. Schl. XII. 279 in einer Rezension von Gries' Rasendem Roland 1810.

ZWEITES KAPITEL.

DER ARCHAISMUS
DES
ROMANTISCHEN STILS.

ZWEITES KAPITEL.

DER ARCHAISMUS
DES
ROMANTISCHEN STILS.

«Die Kunst, auf eine angenehme Art zu befremden, ¶ 16. einen Gegenstand fremd zu machen und doch bekannt und anziehend, das ist die romantische Poetik.» — «So wird alles in der Entfernung Poesie: ferne Berge, ferne Menschen, ferne Begebenheiten u. f. w. (alles wird romantisch).» Mit diesen Sätzen spricht Hardenberg [55]) einen Gesichtspunkt aus, welcher für die meisten Eigenheiten des romantischen Stils Richtung und Anstoß gegeben hat, und wenn wir das «u. f. w.» in «ferne Worte, ferne Wendungen» übersetzen, so haben wir auch eine authentische Begründung des romantischen Archaismus.

Denn wodurch kann die Sprache mehr dazu beitragen, einen Gedanken in die Ferne zu versetzen, als wenn sie selbst ihr Gewand aus der Ferne holt, als wenn sie selbst nicht in den Worten und Wendungen des gegenwärtigen Gebrauchs, sondern in denjenigen einer entlegenen Kulturstufe auftritt. Die Phantasie des Schriftstellers baut aus den verschütteten Ruinen der Sprache vor der Phantasie des Lesers eine neue Welt auf, welche diesen mit Gewalt in die alte zurückzaubert. Der Archaismus im weitesten Sinne, die Wiederbelebung nicht nur einzelner verloren gegangener Ausdrücke und Formen,

---

[55]) N. II. 167 u. 165 vgl. III. 236.

fondern zugleich des ganzen veralteten Satzgefüges und Tones ift daher ein treuer Bundesgenoffe der Romantik gewefen und hat fowol ihre äfthetifchen als ihre wiffenfchaftlichen und politifchen Beftrebungen nachdrücklich unterftützt. Der Archaismus ift die Reaktion in der Sprache und je weiter deshalb die Romantik ihren Schwerpunkt ins Mittelalter zurückverlegte, um fo walverwandter musste er ihr werden, bis der jüngere Nachwuchs, die — nach Goethes Ausdruck — »forcirten Talente« fich fchliefslich ihre Narrenkappe daraus zufchnitten. Es war alfo für die Romantiker ein in hohem Grade fachliches Intereffe, dem ihr Archaismus entfprang, wärend ihr erbittertfter Gegner, J. H. Voss, wefentlich nur durch formelle Erwägungen auf denfelben Weg geleitet worden war [56]).

§ 17.   Diefe innere Sympathie mit dem Archaismus hatte ihre äufsere Grundlage und felbftverftändliche Vorbedingung in der Kenntnis der ältern deutfchen Literatur. Wollen wir daher den archaiftifchen Sprachgebrauch der Romantiker darftellen, fo haben wir denfelben Schritt für Schritt aus ihrer **Bekanntfchaft mit unfrer ältern Dichtung** herzuleiten.

Tieck giebt auch hierzu wie zu allen eigentlich dichterifchen Neuerungen der Schule den Ton an. Sein Archaismus fliefst voll und reich aus der Quelle, die Genoffen fchöpfen nur aus feinem Brunnen. Wir werden uns deshalb im allgemeinen auf ihn befchränken können und nur am Schluss die befreundeten Seitenftrömungen andeuten.

Aus dem erften unfcheinbaren Abdruck des Goethefchen Götz hat Tieck gewiffermafsen das Lefen gelernt und durch diefes Gedicht in feiner Phantafie für immer

---

[56]) Über den Voss'fchen Archaismus vgl. J. H. Voss von W. Herbft. Lpz. 1874. Bd. II. Abtl. 1 S. 84.

eine Richtung nach jenen Zeiten, Gegenden, Geftalten und Begebenheiten bekommen — fo bezeugt er felbft widerholt fchriftlich und mündlich ⁵⁷). Damit konnte auch eine Liebe für den kräftigen archaiftifchen Ton jenes Werkes nicht ausbleiben. Die erfte beftimmte Anregung aber, feine Aufmerkfamkeit der ältern germanifchen Dichtung felbft zuzuwenden, empfing Tieck wie fo vieles von feinem Bufenfreunde Wilhelm Heinrich Wackenroder. Tieck war zu Oftern 1792 auf die Univerfität gegangen, fein Freund noch in Berlin zurückgehalten. Ein zärtlich lebhafter Briefwechfel verband die Getrennten. In ihm fpringt die Quelle der romantifchen Germaniftik ⁵⁸). Zwar im Mai deffelben Jares fchrieb Wackenroder noch bei Gelegenheit feiner Lektüre der Denifchen Offian- und Edda-Überfetzungen nach Halle, dass »bei aller grofsen Simplicität und erhabenen Phantafie, die die nordifchen Dichtungen zeigen, dennoch fo viel ungeheures, was ans Lächerliche und Ungereimte grenzt, fo viel fchwerfälliges, fo viele entfetzlich harte, unfchmackhafte Bilder vorkommen, dass man, wenn man beftändig fein Auge auf die eingepelzten Götter Skandinaviens heften wollte, allen Sinn für ein fanftes griechifches Profil verlieren würde.« Allein fchon Anfang Dezember würde er es wol nicht mehr fchreiben. Damals heifst es: »Ich höre beim Prediger Koch ⁵⁹) ... ein Kollegium über die allgemeine Literaturgefchichte, vornehmlich über die fchönen Wiffenfchaften unter den Deutfchen. Da hab ich denn manche fehr intereffante Bekanntfchaft mit altdeutfchen Dichtern gemacht und

---

⁵⁷) T. VI. S. VI. (Vorbericht zur zweiten Lieferung) u. H. Frhr. v. Friefen: L. Tieck. Erinnerungen eines alten Freundes. Wien 1871. II. 45. — ⁵⁸) Briefe an L. Tieck herausg. von K. v. Holtei IV. 169 ff., 175 ff., 228 ff., 239 u. 245 vgl. Haym, 810. — ⁵⁹) Friefen a. a. O. II. 69 fchreibt irrtümlich von einer gemeinfamen Teilnahme T.s u. Wackenr.s an diefen Vorlefungen.

gefehn, dass dies Studium, mit einigem Geift betrieben, fehr viel Anziehendes hat. Ich ... fchmeichle mir jetzt öfters mit der ... Hoffnung, einmal in dem Winkel mancher Bibliothek Entdeckungen in diefem Fach zu machen. Schon Sprache, Etymologie und Wortverwandtfchaft ... machen das Lefen jener alten Überbleibfel intereffant. Aber auch davon abftrahirt, findet man viel Genie und poetifchen Geift darin.« Freilich gegen den Freund bedarf es für folche bedenkliche Studien noch der Entfchuldigung. »Sei doch nicht bange — fchreibt er ihm beruhigend im Januar 1793 — dass ich mit der altdeutfchen Poefie meinen Gefchmack verderbe.« Er ftudire fie nur, um die herbe Zeit der Trennung leichter zu überwinden. «Du kennft übrigens — fügt er hinzu — fehr wenig von den altdeutfchen Literaten, wenn du blos die Minnefinger kennft. Überhaupt ift (*fic*) fie zu wenig bekannt. Sie enthält viel Gutes, Intereffantes und Charakteriftifches und ift für Gefchichte der Nation und des Geiftes fehr wichtig.»

¶ 18. Diefe freundfchaftlichen Anregungen fielen ficher auf keinen unempfänglichen Boden. Gleichwol vergingen faft noch zwei Luftra, ehe fie Früchte trugen, ehe wir Tieck über dem Studium mittelhochdeutfcher Dichtung felbft antreffen. Er musste fich den Gefchmack an derfelben erft durch die Befchäftigung mit der volkstümlichen Profaliteratur des fechzehnten und fiebzehnten Jarhunderts präpariren. Die Volksbücher vor allem find es, welche zwifchen 1795 und 1800 fein Dichterintereffe in höchftem Mafse in Anfpruch nahmen. In den Volksbüchern fteht daher auch eigentlich die Wiege feiner Archaismen.

Die frühfte Spur von Tiecks Liebe zum Volksbuch ift eine gelegentliche Verwertung der Gefchichte von den vier Heymonskindern in dem 1793 entworfenen, aber erft 1797 in bearbeiteter Geftalt gedruckten Trauerfpiel Karl von Berneck[60]). In den Vordergrund feiner dichterifchen Tätigkeit als die Ideale, denen er feine eigne Darftellung nahe zu bringen ftrebt, treten die Volksbücher dagegen feit dem Jare 1795. Im Anfang des zweiten Teils des Peter Leberecht, der dem genannten Jare angehört, fchreibt er nach der Abfertigung der Spiefs-Kramerfchen Ritter- und Räuberromane[61]: «Die gewönlichen Lefer follten ja nicht über jene Volksromane fpotten, die von alten Weibern auf der Strafse für einen und zwei Grofchen verkauft werden, denn der gehörnte Siegfried, die Heymonskinder, Herzog Ernft und die Genoveva haben mehr ware Erfindung und find ungleich reiner und beffer gefchrieben als jene beliebten Modebücher ... Will der Lefer mir nicht auf mein Wort glauben, fo mag er jene fchlecht gedruckten und verachteten Gefchichten felber nachlefen, und wenn fein Gefchmack noch nicht ganz und gar zu Grunde gegangen ift, fo wird er diefen vor jenen den Vorzug geben.»

Das waren allerdings Kuckukseier, die Tieck in das Neft der Nicolai legte. Denn von dem ältern Nicolai lebhaft empfohlen erfchien der Peter Leberecht im Verlage des jüngern. Diefelben Behauptungen von den «beffer gefchriebenen» alten Büchern widerholte Tieck fogleich 1796 in den Schildbürgern, in denen er felbft ein Volksbuch zu feinen fatirifchen Zwecken benutzte[62]. «In jenen alten fogenannten Scharteken ftecke eine Kraft der Poefie, eine Darftellung, die im ganzen fo war fei, dass fie beim Volke fowie bei jedem poetifchen Menfchen noch lange in Anfehn bleiben würde.» Endlich beftätigt Tieck feine damalige Be-

---
[60]) T. XI. 14. — [61]) T. XV. 21. Die Erwänung der Genoveva an diefer Stelle zeigt übrigens die Irrtümlichkeit der fpätern Behauptung T.s, dass er dies Volksbuch erft 1798 kennen gelernt habe. S. I. xxvi. xxvii. (Vorbericht zur erften Lieferg.). — [62]) T. IX. 9.

geifterung für «die einfache Form und Herzlichkeit des Tones» in den Erzälungen der Volksbücher, die «fo richtig und grofsartig aufgefasst, fo fchlicht und treuherzig dargeftellt» feien, auch in den Vorberichten zur erften und zur dritten Lieferung der Schriften 1828 und 1829 [63]). Bis zum Aberglauben fei fein Glaube an die Vortrefflichkeit diefer Schriften gegangen. «Denn das Zufällige, Entftellte, die Abkürzungen, die oft die Sache dunkel und unverftändlich machen, die Ungefchicklichkeit der Abfchreiber und Umarbeiter, ja Schreib- und Druckfehler können am Ende, wenn die Vorliebe fchon bis zum Phantaftifchen gefteigert ift, diefen Dingen einen Wert geben, der natürlich bei abgekülter Überlegung wider verfchwindet. Ein folches altes Poem wird durch die Überlieferung, die es bald roh, bald unverftändlich macht, bald Widerfprüche hineinbringt, gleichfam in ein Naturprodukt verwandelt, an dem unfre andende Kraft eben recht viele Arbeit findet, um diefe Unebenheiten zu erklären oder wegzufchaffen.»

Ebenfo wie durch die Volksbücher wurde Tieck für die altertümliche Darftellungsform durch das Studium andrer Schriftwerke des fechzehnten und fiebzehnten Jarhunderts gewonnen. 1797 wollte er den Simplicius herausgeben [64]). Das Lied des Einfiedlers hat er unverändert und one Quellenangabe in die erfte Ausgabe des Zerbino verflochten. Auch in dem «Tagebuch» von 1798 fpricht er mit Bewunderung von diefem Werk [65]), in dem «mehr Poefie und ein befferer Stil ift, als man jemals geglaubt hat». Ebenda rühmt er den Mofcherofch, den er «gern und viel» lefe und deffen Derbheit fich befonders fchön in feiner Sprache abfpiegle. Auch fein Studium Hans Sachs', deffen «alten

---

[63]) T. I. VIII. u. XI. XLI. XLII. — [64]) T. VI. I.II. (Vorber. z. zweiten Lief.). — [65]) T. XV. 338. 350 u. 304. 305.

vergeſſenen deutſchen Ton» Goethes Fauſt veredelter und tiefſinniger widerhalle [66]), und ſeine eingehende Beſchäftigung mit Jakob Böhm, deſſen Anſchauungs- und Darſtellungsweiſe namentlich auf die Genoveva von Einfluſs geweſen iſt [67]), fällt in dieſelbe Zeit.

Das Jar 1801 endlich fürt ſeine germaniſtiſchen Studien direkt zur mittelhochdeutſchen Dichtung zurück [68]). Er veröffentlicht 1803 ſeine Ausgabe der Minnelieder und faſst den Entſchluſs die Nibelungen durch Ausfüllung der Lücken zu einem Volksbuch zu bearbeiten, für welchen Zweck er die Handſchriften zu München, Rom und St. Gallen vergleicht. Allein die eigentliche Kraft und Originalität der romantiſchen Schule war ſchon im Verblühn, nur ſterbend klammerte ſie ſich an ihre ſtärkere Tochter, die Germaniſtik, an, welche bald das wiſſenſchaftliche Erbe der Mutter antrat.

¶ 19. Die bisherigen Anfürungen zeigen zur Genüge, was Tieck an unſrer ältern volkstümlichen Literatur beſonders zu bewundern fand. Es war, weit mehr als der Stoff, der treuherzig naturwüchſige Ton, welcher ſeine ganze Seele gewonnen hatte. Dieſen mit ſinniger Anempfindung in ſich aufzunehmen, mit dichteriſcher Selbſtändigkeit in ſein eignes Schaffen zu übertragen, das war ſeine ſtiliſtiſche Arbeit in jenen Jaren. Mit dem dreibändigen Sammelwerk «Volksmärchen von Peter Leberecht» eröffnete er 1797 den Reigen dieſer für unſere Stilbildung ſo folgenreichen Schriften. Dort finden wir «die Geſchichte von den Heymons Kindern in zwanzig altfränkiſchen Bildern» [69]),

---

[66]) T.s Worte XI. LXIII (Vorber. z. dritten Lief.). — [67]) Über den Einfluſs Böhms auf den Inhalt der Genoveva ſ. auch Frieſen a. a. O. II. 159. — [68]) T. berichtet ſelbſt über ſeine mittelhochdeutſchen Studien XI. LXXVIII. (Vorber. z. dritten Lief.). — [69]) Jetzt T. XIII. 1 ff.

dort die «Liebesgefchichte der fchönen Magelone und des Grafen Peter von der Provence»[70]), dort die «denkwürdige Gefchichtschronik der Schildbürger in zwanzig lefenswerten Kapiteln»[71]) u. a. m. So wenig der Verfaffer in diefen Werken auch feine dichterifche Freiheit dem überlieferten Stoffe zu Füfsen legte — teils veränderte er ihn wie im zweiten, teils fpannte er ihn in das Joch literarifcher Satire wie im dritten — fo begegnen fie fich doch alle bald mehr bald weniger in dem bewussten Streben, die veralteten und verachteten Wortformen und die kindlich kunftlofe Satzfügung der Volksbücher wider zu Ehren zu bringen[72]). In der Schreibart liegt ihr Schwerpunkt, wie der fachkundigfte Rezenfent, der ältere Schlegel, fogleich hervorhob[73]), indem er diefelbe mit Bezug auf eine diefer Erzälungen und unter Hinweis auf den Goethefchen Einfluss als «eine nicht fogenannte poetifche, vielmehr fehr einfach gebaute, aber warhaft poetifirende Profa» charakterifirte. Änlich urteilt fpäter auch Tieck in dem Vorbericht zur dritten Lieferung feiner Schriften[74]); fein Verfuch, die gute alte Gefchichte von den Heymonskindern «in einer ruhigen treuherzigen Profa» wider zu erzälen, fei damals der erfte in Deutfchland gewefen. «Diefer Ton ift nachher oft genug, auch wol bis zum Überdruss widerholt worden. Er ziemt nicht vielen Gegenftänden und muss fich auch bei den paffenden kurz faffen.» Unferm Gegenftande ziemt er nun unzweifelhaft, da der Stoff felbft ihn zu fordern fchien, und die alten romantifchen Ge-

---

[70]) Jetzt T. IV. 292 ff., im Phantafus. — [71]) Jetzt T. IX. 1 ff. — [72]) Ausführlicheres über die Sprach-Eigentümlichkeit der Volksbücher f. bei Th. Mundt, deutfche Profa 162 — 164. — [73]) W. Schl. in Betreff des bl. Eckb. im Ath. I. 1. 174, jetzt S. W. XII. 27 ff., 33 ff. Dass er Goethes Vorbild in der «Erzälungsweife» des bl. Eckb. widererkenne, fchreibt er auch direkt an T. bei Holtei III. 226. — [74]) T. XI. XLIII.

ftalten mit jeder modernen Stilgewandung auch die poetifche Warhaftigkeit eingebüfst haben würden.

Gewagter durfte es fchon fcheinen, als Tieck und §20. Wackenroder in den nächften Jaren diefelbe **altertümliche Stilfarbe auf das Gebiet des Kunftraifonnements** übertrugen. Das Dreigeftirn der für die romantifche Äfthetik wegweifenden Schriften, die «Herzensergiefsungen eines kunftliebenden Klofterbruders» 1797, «Franz Sternbalds Wanderungen. Eine altdeutfche Gefchichte» 1798 und «Phantafieen über die Kunft für Freunde der Kunft» 1799 — das erfte und letzte beiden Verfaffern gemeinfam, das mittlere Tieck allein gehörig — ftralt namentlich foviel an Tieck lag im fchönften Lichte archaiftifcher Wendungen und Ausdrücke. Die Urfache liegt auf der Hand. Die Abficht der Verfaffer, die Verherrlichung altdeutfcher Kunft und Sinnesart, follte durch den einfach ehrwürdigen Ton unfrer Voreltern auch äufserlich unterftützt werden. Auch hierfür bot Schlegel als Rezenfent wider den beften und zuftimmendften Kommentar[75]. Jene Sprache der Herzensergiefsungen, fagt er, welche die religiöfe und die künftlerifche Begeifterung vermifche und verwechfle, habe, «eben weil fie veraltet ift, den Reiz der Neuheit». Befonders die von Dürer gegebene Schilderung «ift fo ganz in dem ehrenfeften Tone und nach den graden Sitten feines Zeitalters abgefasst, dass fie den Lefer täufchend dahin verfetzt. Überhaupt bekommt die Schreibart des Verfaffers durch eine gewiffe altväterliche Einfalt bei ihrem bildlichen Reichtum etwas Eigentümliches». Es ift nicht zu leugnen, auch die archaiftifche Sprachfarbe jener äfthetifirenden Schriften half den Boden bereiten, auf welchem allein die vater-

---

[75] W. Schl. in der Jen. Allg. Lit.-Zig. 1797, jetzt S. W. X. 363 ff., 365, 369.

ländifchen Kunftbeftrebungen der jüngern Romantik, der Boifferées infonderheit, zur Frucht gedeihen konnten.

§ 21. Den letzten und gefärlichften Schritt in diefer Richtung tat Tieck endlich, als er in feinen folgenden Werken auch die modernen Kunftformen der Herrfchaft des Archaismus unterwarf. 1799—1800 gab er in zwei Bänden «Romantifche Dichtungen» heraus. Die teils in gebundener teils in ungebundener Rede gefchriebene Erzälung «der getreue Eckart und der Tannhäufer» [76] fowie das in Hans Sachs' Manier dramatifirte Märchen «Leben und Tod des kleinen Rotkäppchens»[77], welche fich in diefer Sammlung befanden, konnten ihrer Natur nach zwar eben fo gut die altväterliche Redeweife ertragen wie einft die Heymonskinder und die fchöne Magelone und wir würden an ihnen nur auszufetzen haben, was etwa an archaiftifchen Formen über das erlaubte Mafs hinausgeht. Die beiden grofsen Dramen dagegen, der «Prinz Zerbino»[78] und «Leben und Tod der heiligen Genoveva»[79] fowie die ebenfalls fchon 1800 gedichtete, aber erft 1807 veröffentlichte «Sehr wunderbare Hiftorie von der Melufina»[80] und der «Kaifer Octavianus»[81], welcher im Jare 1803 diefe ganze Periode zum vorläufigen Abfchluss brachte, zeigen deutlich jenen unlöslichen Zwiefpalt zwifchen Form und Wefen, zwifchen Modernem und Altertümlichem, zwifchen Phantaftifchem und Reflectirtem, kurz jene romantifche Ironie, welche das Lebenselement und — der Todeskeim der ganzen Schule war. Auch der Archaismus ift zu feinem Verderben in diefen Zwiefpalt hineingezogen. «Es reizte mich — fchreibt fpäter charakteriftifch genug der Dichter mit

---

[76] Jetzt T. IV. 173 ff. im Phantafus. — [77] Jetzt T. II. 327 ff. — [78] Jetzt T. X. 1 ff. — [79] Jetzt T. II. 1 ff. — [80] Jetzt T. XIII. 67 ff. — [81] Jetzt T. I. 1 ff.

Bezug auf die Melufine [82]) — die Stanze auch einmal so treuherzig wie die alte deutfche Profa erklingen zu laffen, ein Ton, der fchon viele Stellen des Morgante fo wunderbar anziehend macht, indem das Poffierliche und Edle fich in diefem merkwürdigen Gedicht mit dem Altertümlich-Ehrbaren fo anmutig verbinden.» Was konnte bei einem fo raffinirten «Reiz» anders herauskommen, als eine kokette Naivetät, eine affectirte Unfchuld? Und diefen Eindruck machen mehr oder weniger alle genannten Werke namentlich auch in Hinficht der archaiftifchen Schminke, durch welche Stanzen und Sonette, Terzinen und andre romanifche Versfchemata kursfähig gemacht werden. Das Hafchen nach entlegenen, verdorbenen oder pfeudoarchaiftifchen Sprachformen, wie fie uns z. B. in der bekannten Ballade von 1801, «Die Zeichen im Walde» [83]) förmlich überfchütten, zeigt zur Genüge, welchen Missbrauch der Dichter mit der treuherzigen Stileinfalt der Volksbücher treiben gelernt hatte. Wir wundern uns daher gar nicht, wenn Tieck felbft nach Jaren Solger gegenüber dies Missverhältnis verurteilt [84]). Nachdem der philofophifche Freund nämlich bei aller Anerkennung doch geäufsert hatte, dass in der Genoveva die Sprache des Altertums «oft wol mehr als rätlich» nachgeamt fei und diefelbe auch in der Melufine «gar zu viel fchlimmes mit fich füre», gefteht der Dichter fpäter felbft ein, dass die Genoveva zwar «in Sprache wie in Darftellung» «damals» feine «natürlichfte Herzensergiefsung» gewefen und jenes poetifche «Klima» im Allgemeinen ihm auch noch jetzt

---

[82]) T. XI. LIX. Vorbericht zur dritten Lieferg. — [83]) T. Gd. I. 22 ff.; vgl. u. ¶ 46. — [84]) Solgers nachgelaffene Schriften u. Briefwechfel herausg. von L. Tieck u. v. Raumer. 1826. I. 8, 301, 453, 501. Änliche mündliche Äufserungen T.s über die Genoveva citirt Friefen a. a. O. II. 159 aus «Biogr. u. liter. Skizzen aus dem Leben und der Zeit von C. Förfter» S. 283.

ganz recht sei, »aber was eigentlich Zeichnung, Färbung, Stil betrifft, da bin ich unzufrieden und finde die Disharmonie«.

Tieck hatte also — das ist unser Ergebnis — etwa mit dem Jare 1799 sein Mütchen am Archaismus gekült und behandelte ihn von da ab teils mit Manier und Affectation, teils mit Spott, zu welchem ihn die Rotte seiner gedankenlosen Nachamer zu reizen anfing [85]).

¶ 22. Werfen wir nun noch endlich einen Seitenblick auf den Archaismus der übrigen Romantiker, so sehen wir Hardenberg zunächst ganz abseits am Wege stehn. Denn wenn er auch gelegentlich äufsert [86]), dass seinem bürgerlichen Roman noch »eine gewisse Altertümlichkeit des Stils« nötig sei und wenn er sich auch durch Tieck zur Begeisterung für Böhms Schriften entflammen liefs, so hat seine an der Wilhelm Meisterschen Prosa geschulte Sprache doch alle wirklich altertümlichen Wortformen von sich fern gehalten und etwa nur in der Einfachheit und Durchsichtigkeit des Satzgefüges Berürungspunkte mit dem Volkstümlichen.

¶ 23. Anders verhält es sich freilich mit dem Schlegelschen Bruderpare. Von gründlichen philologischen Studien der klassischen Literaturen ausgehend wurden beide namentlich durch Tieck und durch die sich bildende Schulatmosphäre zur lebhaften Betätigung ihres Interesses an altdeutscher Dichtung und Sprache herübergezogen [87]).

Ein sympathisches Verständnis für den vorsichtigen Archaismus finden wir bei dem älteren Bruder aufser an der angefürten Stelle [88]) auch schon in jener indirekten

---

[85]) Vgl. den »Bewunderer« im Aut. T. XIII. 305 ff. mit dem »Anti-Faust«, Nachgel. Schr. I. 154. »Sie setzen statt bedünken dreist bedunken.« S. auch Aus Schleiermachers Leben III. 190 u. Köpke, L. Tieck I. 272. — [86]) N. III. 166. — [87]) Eingehender spricht von den germanistischen Studien der Schlegels Haym S. 813 ff. u. R. v. Raumer, Gesch. d. germ. Philol. S. 304 ff. — [88]) S. oben ¶ 20.

Ankündigung feiner Shakefpeare-Überfetzung vom Jare 1796 [89]). Er fagt dort, indem er von den Erforderniffen einer guten Verdeutfchung des grofsen Britten fpricht: «Ein ganz leichter Anftrich des Alten in Wörtern und Redensarten würde keinen Schaden tun. Nicht alles Alte ift veraltet und Luthers Kernfprache ift noch jetzt deutfcher als manche neumodige Zierlichkeit». Wie weit fein Shakefpeare diefen Grundfatz befolgt hat, wird unten das Wörterverzeichnis nachweifen. Der Vorgang Tiecks fürte ihn aber bald weiter und im Jare 1801 ftellte er fchon den Archaismus als prinzipiellen Bundesgenoffen gegen die profaifche Plattheit der Aufklärungsliteratur mit ins Treffen. Bei der jetzt angefangenen Umbildung unferer Sprache, fagt er nämlich [90]), wodurch jener vernichtenden Richtung, welche die Poefie zur Profa herabzuftimmen fuchte, entgegengewirkt wird, find wir berechtigt, «bis zu den älteften Denkmälern unfrer Sprache zurückzukehren, um das brauchbare Veraltete, das noch verftändlich fein kann, zu erneuern; wobei es fich zeigen wird, dass wir reicher an einheimifchen Schätzen find, als wir felbft wiffen». Und als er endlich den dritten Kurfus feiner Berliner Winter-Vorlefungen 1803—4 hielt, da äufserte er fich auch hier [91]) über die «Mundart der Minnefänger» dahin, dass «für den Dichter, der feine Sprache aus innern Hülfsquellen zu bereichern ftrebt, unermesslich viel daraus zu lernen fei». Allein die Schule verlangte von ihren Gliedern nicht nur Worte, fondern auch Taten und W. Schlegel war ehrgeizig genug, ihr diefen Tribut nicht zu entziehen. Stachelte ihn doch feine Gattin felbft unaufhörlich von der gelehrten Kritik zu künftlerifchem

---

[89]) W. Schl. VII. 63. — [90]) W. Schl. in einem fpätern Zufatz zu feiner Rezenfion des Voss'fchen Homer, jetzt S. W. X. 183 ff. —
[91]) Haym S 815 nach den in Böckings Befitz befindlichen Heften.

Schaffen hinüber [92]). Was Tieck konnte, konnte er ja wenigſtens nachamen. Und ſo hatte er denn ſchon längere Zeit ſich eifrig mit der Nach- und Umdichtung älterer Werke beſchäftigt. Im Frühling 1800 entſtand der erſte und einzige Geſang ſeines Triſtan in Ottave rime [93]), den Anfang des neuen Jarhunderts feierte er ebenſo wie Tieck durch ein literariſches »ſchön kurzweilig Faſtnachtsſpiel« im Tone Hans Sachs' [94]), etwas ſpäter dichtete er den Fortunat [95]) und dieſelben Jare zeitigten noch eine ganze Reihe von Liedern, Sonetten, Legenden und Romanzen, welche deutlich die Wendung von Schillers klaſſiſchem Pathos zu Tiecks mittelalterlich-frömmelnder Weichheit bezeugen. Auch ihm musste der Archaismus dieſe Farbe miſchen helfen. Aber wie weit blieb er hierin doch hinter ſeinem küneren Vorgänger zurück! Die in klaſſiſcher Schulung aufgewachſene, ſprichwörtlich gewordene Eleganz ſeines Stils ſtreubt ſich ſpröde gegen die romantiſchen Altertümlichkeiten und nur ſchüchtern wagt dieſe hie und da dem glatten Fluss der Rede ein Steinchen in den Weg zu werfen [96]).

[92]) S. z. B. ihren Brief an Wilhelm vom 2. März 1801, Caroline II. 39 u. ö. — [93]) W. Schl. I. 100. — [94]) W. Schl. II. 149 vgl. T.'s »Der neue Herkules am Scheidewege«, jetzt »Der Autor« XIII. 267 ff. — [95]) W. Schl. I. 229. — [96]) Je weniger die Eleganz des Schlegelſchen Stils mit dem Archaismus ſich befreunden konnte, um ſo walverwandter wurde ihr ſpäter der vornehmere Vetter deſſelben, der Purismus. Schl. entfernte in dem 1828 als Kritiſche Schriften erſchienenen Widerabdruck ſeiner früheren Auffätze mit prinzipieller Gründlichkeit und ſehr geſchickt, aber doch vielleicht nicht one Übertreibung alle Fremdwörter. Die vortreffliche Böckingſche Ausgabe ermöglicht überall die Kontrole: z. B. VII. 206: 1798 »ſeñor Caſtellano« (ſcherzhaft), 1828 »der Spanier«. — IX. 5: 1798 »Moment«, 1828 »Augenblick«. — IX. 25: 1798 »Individuum«, 1828 »Einzelweſen«. — IX. 103: 1799 »Religioſität«, 1828 »Frömmigkeit«. — IX. 194: 1802 »unſern Zirkel«, 1828 »unſern Kreis«. — XII. 56: 1800 »poetiſche Kunſtnamen aus der Plaſtik«, 1828 »dichteriſche Kunſtnamen aus der Bildnerei« u. dergl.

Am fpäteften endlich konnte der unftät irrende, ¶ 24.
fragmentarifch arbeitende Geift des jüngern Schlegel
in den altdeutfchen Studien fesshaft werden. Als Ziel
ftellte er diefelben zwar fchon im Gefpräch über die
Poefie [97]) den Deutfchen vor Augen; fie müssten »auf die
Quellen ihrer eignen Sprache und Dichtung zurückgehn
und die alte Kraft, den hohen Geift wider frei machen,
der noch in den Urkunden der vaterländifchen Vorzeit
vom Liede der Nibelungen bis zum Flemming und
Weckherlin bis jetzt verkannt fchlummert«. Aber gelegentliche, durch Dilettantismus herbeigefürte Berürun-
gen abgerechnet, wandte er felbft fich doch, nach eig-
nem Zeugnis [98]), diefem Gebiet erft mit dem Jare 1802,
d. h. mit feiner Überfiedlung nach Paris ernftlich zu,
alfo zu einer Zeit, wo der romantifche Kreis fchon in
vollfter Auflöfung begriffen war. Deshalb konnte auch
fein Archaismus bis dahin nur vereinzelte und der Nachamung Tiecks entfproffene Blüten treiben. Um fo fchnel-
ler reifte dann freilich unter gallifchem Himmel feine
Germaniftik und mit ihr der Archaismus feiner eignen
Poefie. Schon 1803 fchreibt er an Tieck feine Meinung
dahin [99]), dass die Nibelungen »ganz Grundlage und
Eckftein unfrer Poefie werden« müssten und fein 1809
veröffentlichter »Roland. Ein Heldengedicht nach Tur-
pins Chronik« [100]) fürt auf dem fpanifchen Metrum eine
ganze Anzal romantifcher Archaismen daher.

Wenn wir nun im folgenden ein ¶ 25.
Wörterbuch der romantifchen Archaismen
mit Einfchluss benachbarter Wortbildungen
aufzuftellen verfuchen, fo muss Eines vor allem zur richtigen Beurteilung deffelben feftgehalten werden. Es

---

[97]) Ath. III. 1. 86. Fr. Schl. V. 187 wenig verändert. — [98]) Fr.
Schl. I. xvi. (Vorrede zur Gefch. der a. u. n. Lit. von 1815). — [99]) Bei
Holtei III. 330. — [100]) Jetzt Fr. Schl. S. W. IX. 3 ff.

ist durchweg, wie aus den obigen Ausfürungen erhellt, ein künstlerisches, durchaus kein wissenschaftliches Interesse, welches den Archaismus der Romantiker ins Leben rief. Unsre Schriftsteller wandten ihre literarhistorischen Studien zunächst nur deshalb der Dichtung vaterländischer Vorzeit zu, um dieselbe für ihre eigne Nachdichtung flüssig zu machen, um ihren eignen poetischen Geschmack wie den ihres Publikums dadurch zu bestimmen und zu bilden. «Nicht für Gelehrte, sondern für ernste Liebhaber» bearbeitete Tieck seine Minnelieder. Erst der jüngern Generation erwuchs aus diesem ästhetischen das rein wissenschaftliche Interesse [101]) und erst eine gründlichere Kenntnis der Geschichte unsrer Sprache vermochte später die Auswüchse des romantischen Archaismus zu beschneiden und unsern gegenwärtigen Wortschatz aus unverfälschten Sprachquellen nachhaltig zu befruchten. Deshalb, weil der romantische Archaismus zunächst nur eine gewisse ästhetische Richtung, aber nicht die Anforderungen der Wissenschaft zu befriedigen bestimmt sein konnte, bietet derselbe ungemein vieles, was vor einer tiefern Sprachkenntnis zu Schanden werden musste, was entweder nur in den Zeiten der ärgsten Sprachverhunzung und des Kanzleistils gegolten, oder auch nur nach ungefärer Analogie andrer altertümlicher Formen gebildet war. Trotzdem wird es jenen rein literarischen Zweck zu erfüllen im Stande sein, wenn es nur bei dem Laien-Leser den Eindruck des Altertümlichen hervorruft.

Wir durften uns diesen Gesichtspunkt nicht verrücken lassen und werden deshalb im folgenden die wirklich

---

[101]) Nach T. Krit. Schr. I. IX. hat J. Grimm selbst zugegeben, durch die von jenem veranstaltete Ausgabe der Minnelieder zuerst auf diese Welt von Dichtung aufmerksam gemacht zu sein, u. Friesen a. a. O. II. 208 berichtet, wie stolz T. immer auf diese von ihm gegebene Anregung altdeutscher Studien geblieben.

mit fprachgefchichtlicher Berechtigung erneuerten Worte und Wortformen der Romantiker, mögen fie nun dem mittelhochdeutfchen oder dem älteren neuhochdeutfchen Thefaurus entnommen fein, mit den nur pfeudoarchaiftifchen, alfo eigentlich neologifchen zufammenftellen. Auch diejenigen dürfen wir nicht übergehen, welche nicht veraltete, fondern nur veraltende, nicht verba antiquata, fondern nur antiqua find und deshalb vielleicht felbft bei Schiller und Goethe begegnen; denn wenn auch nicht durch den vereinzelten Gebrauch, fo doch durch ihre häufige Widerkehr und durch ihre Verbindung mit andern änlichen helfen fie denfelben Schimmer des Vorzeitlichen über die Darftellung ausbreiten wie die tatfächlich aus der Sprache verfchwundenen Worte. Einige andre idiotiftifche oder fonft bemerkenswerte Wortformen, Wendungen und Konftructionen haben wir, die Gelegenheit benutzend, ebenfalls eingefügt, da fie z. T. wenigftens denfelben Zwecken dienen. Grammatik und Wörterbuch werden in jedem Falle leicht über den fprachgefchichtlichen Wert Auskunft geben. Eine bedingungslofe Vollftändigkeit kann das folgende Verzeichnis fchon deshalb nicht beanfpruchen, weil die Grenze zwifchen dem lebendigen und dem abfterbenden Wortfchatz ftets im Fluffe begriffen ift.

---

die Abbatiffin: T. II. 85, Gen. «die fromme Abba- ¶ 26.
tiffin». Aus dem Mittellatein; Äbtiffin z. B. T. XVI.
371 St.
abe = ab: T. IV. 186, g. E. «Er tut die Rüftung abe»
(R).
fich abfagen von = fich losfagen von: T. XIII. 328.
Aut.; fehlt bei Gr.
das Abfein = Abwefenheit: W. Schl. Sh. Heinrich IV.

Tl. I. V. 4. «Euer Abfein»; Heinrich V. IV. 1. ebenfo; Heinrich VI. Tl. III. II. 2. «In eurem Abfein».

abfeitig, Neubildung: T. II. 320, Rk. «Ich won allhier vom Dorf abfeitig» (R).

fich abfeitigen, Neubildung: T. XIII. 114, Mel. «Dass fie fich alle Sonnabend abfeitiget».

abfonderlich = namentlich, veraltend: T. V. 85, Blaub. «immer ..., abfonderlich in meiner Jugend»; XIII. 115, Mel. u. o.

fich abtun jemandes: W. Schl. Sh. Heinrich IV. Tl. II. IV. 4. Der Prinz wird «Sich der Gefärten abtun»; Heinrich V. II. 4. «Dass ihr euch abtun und entkleiden follt | Erborgter Hoheit».

albern, unflectirt: W. Schl. Sh. Heinrich IV. Tl. I. I. 3. «Den albern Mortimer».

allbereits, veraltend: T. II. 241, Gen.; X. 351, Z. u. ö.

allerdings = vollftändig: T. XIII. 78, Mel. «feid allerdings unbekümmert».

allerwege: T. X. 261, Z.; XVI. 128, St. = allewege: X. 236, Z. = allerwegen: II. 42, Gen.

alsbalde: T. I. 21, Oct.; Fr. Schl. IX. 20, Rol. u. ö.

alfo = fo, fo fehr, mit oder one folgendes dass: T. XIII. 127, Mel. «Nicht musst du dich alfo fehr betrüben»; XVI. 408, St. «alfo verwegen» u. o. dergl. — XIII. 123, Mel. «Warum habt Ihr meinen Bruder alfo verfürt, dass er ein Mönch geworden?»; II. 260 Schmerzenreich zu feinem Vater von der fterbenden Gen. «O lass uns beten, dass wir aus den Leiden | Auch alfo rein und felig mögen fcheiden»; IX. 20, Schildb. «Eben alfo ift es mit der Weisheit».

alt = vor langer Zeit: f. verlaufen.

ältern = alt machen u. = alt werden, altern: T. II. 232, Gen. «Der Kummer hatte fie gar fehr geältert»; ebd. 239. «Ihr habt geältert, dass es zum Erbarmen».

anden, bei T. grundfätzlich auch für anen, worüber
f. u. Kap. III. ¶ 36.
anfahn = anfangen: T. IV. 181, g. E. «keiner denkt
daran, mit fich felbft die Befferung anzufahn».
angrimmen, fehlt bei Gr.: T. XIII. 168, Mel. Der
Lindwurm «grimmt den Ritter an» (R).
anheben: T. Gd. I. 45. «Da der diefe Wort anhube» (A).
bis anher, veraltend: T. I. 349, Oct.
anjetzt, veraltend: befonders häufig in T.s Oct. I. 65,
83, 93, 124, 192, 401, 402.
annoch: T. II. 65, 112, 174, Gen.
anrucken = anrücken: Fr. Schl. IX. 37, Rol. «Kommt
er fachte angeruckt» (A).
Anfchlag geben = Rat geben: T. IV. 307—8, Mag.
«Darum bin ich älter ..., dass ich dir guten Anfchlag
geben möge».
antworten, antzuworten, kom. = zu antw.: T. X.
152, Z. «Wollt Nachtigall auch höflich fein, | Ihm
Antwort antzuworten».
das Armut = arme Leute. Statt des Gr.fchen Citates
T. III. 374, Fortunat, welches das Gefchlecht nicht
erkennen lässt, lieber: I. 88, Oct. «Das Armut er-
barmte fie».
armutfelig: T. XVI. 304, St. «Die Dürftigkeit des
armutfeligen Lebens»; XIII. 280, Aut.
die Armutfeligkeit: T. II. 215, Gen.; XIII. 331, Aut.
«Wie lieblich jetzt die Welt | In der Armutfeligkeit
ift beftellt».
artlich, älter neuhochdeutfch und noch mundartlich =
artig, bei T. faft ausfchliefslich: XVI. 112, St. «weil
es mir fehr artlich dünkte»; II. 160, Gen.; XIII. 310,
Aut.; XIII. 72, Mel. — dagegen ebd. 71 «artig».
aufducken = auftauchen: W. Schl. Sh. Heinrich IV.
Tl. II. I. 2. «Es kann keine gefärliche Affäre aufducken»...

auferbaulich = erbaulich, wie auch noch bei Goethe mehrfach: T. V. 34, Blaub. «auferbauliche Reden».

aufheben, aufgehaben in alter, richtiger Bildung = aufgehoben: W. Schl. I. 218, Gd. «Da ward fie ... | Gen Himmel aufgehaben» (R); f. auch erheben.

ausblumen, aufser Gr.s Citat aus T. «die ausgeblumte Frühlingspracht» noch: Gd. II. 95. «Doch weilt mein Aug ... | Am liebften auf der bunten Welt im Mayen, | Ausblumend, duftend und in Farben brennend».

ausfpreifsen = ausfpreizen, vermutlich dem Simplicius entlehnt: T. I. 340, Oct. Was geht da ... «So bucklicht, krumm und ausgefpreifst?» (R).

backen = gebacken: T. I. 105, Oct. «backne Pflaumen».

das Bäffelchen, kom. = Befchen, fehlt bei Gr.: T. Nachgel. Schr. I. 119. «Der Prediger fchnallt fich die Bäffelchen um».

balde: Fr. Schl. IX. 111, Gd.

die Bane = Ban, f. Gr. f. h. v. am Ende: Fr. Schl. IX. 8, Rol. «Jene fternenlichte Bane» (A) — ebd. 9.

barmen = erbarmen: T. II. 86, Gen.; ebd. 122 «barmt euch meiner».

fich bedanken einer Sache: T. I. 101, Oct. «der Ehr»; ebd. 179 «der Sorgfalt».

bedunken = bedünken, f. o. ¶ 21, Schluss u. Anm.: T. X. 252, Z. «Sie laffen glücklich fich zu fein bedunken» (R); I. 162, Oct. «Vor jenem Rächer, | Dem unfre Tat nicht wird fo leicht bedunken» (R); Gd. I. 42 (A).

beginnen: T. IV. 311, Mag. «Da begonn ich Schmerz zu fülen»; W. Schl. Sh. Richard II. I. 1. «Dies ende wie's begonn: | Ich fänftige den Herzog, ihr den Son»; ebd. I. 2 «ich begonn» (R); T. Gd. I. 22. «Der Mond .. | Der zu fcheinen fchon begunnte» (A); Fr. Schl. IX. 71, Rol. Kampf wird «begunnen».

behalten, T. XIII. 143, Mel. »die Kinder ..., | Die ich ... behielte (R) Indic.; vgl. halten.
beide: T. II. 217, Gen. »Er liebt die Welt und auch uns beiden« (R); W. Schl. I. 135, Gd. »Wenn du fo fern herabfchauft auf uns beiden« (R).
belonen einer Sache: Fr. Schl. IX. 55, Rol. »des Verrats belonet«.
benebft, Kanzleiausdruck = nebft: W. Schl. Sh. Heinrich VI. Tl. I. III. 4. »Benebft fünfhundert achtbaren Gefangnen«.
fich berümen: T. IV. 302, Mag.
berürig = rürig, mundartlich: T. V. 43, Blaub. »die berürige Unachtfamkeit«.
beftan = beftehn: T. IV. 188, g. E. (R).
betulpt: W. Schl. Sh. Sturm IV. 1. »Die Bäche mit betulptem, buntem Bord«.
bewendt: T. II. 330, Rk. »Mit der Kirche ift es heut befonders bewendt« (R).
das Bewendnis: Fr. Schl. IX. 109, Gd. »ein fonderbar Bewendnis« (R); Gr. hat nur Bewandtnis.
bewusst: T.s Schr. bieten dreimal unrichtig »ich bin mich einer Sache bewusst«. IV. 157, bl. Eckb. »um mich deffen deutlich bewusst zu fein«; XVI. 142, St. »Bift du dich einer Schuld bewusst«; II. 86, Gen. »Ich war ... mein felbft mich kaum bewusst«. — Das Richtige z. B. XVI. 345, St.
blumbewachfen, fehlt bei Gr.: T. IV. 349, Mag. »von blumbewachfenen Höhn«. — blumgefchmückt, fehlt bei Gr.: T. I. 395, Oct. — blumgeziert, von Gr. mit Fifchart belegt: T. I. 14, Oct. »in dem blumgezierten Garten«.
blumen, mittelhochdeutfch bluomen, f. bei Gr. unter »blümen« und »ausblumen«: T. XVI. 151, St. »mit .. blumenden Zweigen«; Gd. I. 26 f. Paradiefe; I. 276, Oct. »Blumen .. bedecken ... blumend ganz den Anger«.

blumlos, fehlt bei Gr.: T. Gd. I. 231. »Die Erde ... blumlos und one Gras«. — Dagegen X. 280, Z. »Ein blumenvoller Hain«.

die Blut: T. Gd. I. 167. »Von dem Apfelbaum in vollen | Sternen hängt die Blut«; Fr. Schl. IX. 42, Rol. »Wie im Maien alles grünet, | Manche rot und weifse Blut«; vgl. Rofenblut.

der Böfewicht: T. I. 397, Oct. »Die zwei Böfewicht«; neben ebd. 398 »die Böfewichter« (R).

brandmalen = mit einem Brandmal verfehen, wie auch fonft, z. B. bei Leffing: T. I. 52, Oct.

der Brau = das Brauen, das Gebräu: W. Schl. Sh. Sommernachtstraum II. 1. »der Brau mifsrät«.

der Bronn, Bronne, Bronnen: T. II. 97, Gen. »zu dem hellen Bronn des Auges«; XVI. 255, St. »an des Bronnens Rand«; XIII. 128. Mel. u. ö.; Fr. Schl. X. 12, Gd. »Dem Denker ift Natur der Lebensbronne«, wofür freilich im Urtext, Ath. III. 11. 166, dogmatifch incorrect »Im fchönen Tempel ift Natur Madonne«.

brümmeln, f. Gr. unter brummeln: T. XIII. 324, Aut. »du murmelft und brümmelft verdroffen« — Nachgel. Schr. I. 130. »verdriefslich brümmelnd«.

die Brunft: T. Gd. I. 42 »in tiefen Brunften« (A).

bügellos werden = vom Pferde fallen: T. IV. 302, 323, Mag.

die Bulin, von Gr. nur durch eine Don Quixote-Überfetzung von 1648 belegt: T. II. 149, Gen. »Ich follte mein Gewiffen in mir fchweigen, | Die laute Stimme, die mich Bulin nennt?«

buttig, noch im Volksmunde, wo das Butt das Stechkiffen der Neugebornen bedeutet: T. II. 354, Rk. »ein buttiges Kind«.

Chrifte: Fr. Schl. IX. 40, Rol. »Chrifte oder Heide«.

Der Dacht: W. Schl. Sh. Hamlet IV. 7. »Eine Art von Dacht«; T. Nachgel. Schr. I. 78. (R), neben Docht, welches z. B. I. 64, Oct.

die Dämmerunge, mittelhochdeutſch demerunge: T. I. 113, Oct. «die ſüſe Dämmerunge».

danken: T. XVI. 348, St. «O gütiges Schickſal, ſei gedankt», eine von Gr. nicht erwänte, wol nach Analogie von bedanken gebildete Konſtruction.

denn warum? vulgär-komiſch: T. IX. 114, W. d. Blaub.; V. 331, verk. W. «Ich mag die nützlichen Leute ungemein gern; denn warum? Sie ſind nützlich».

der; den erweiterten Dat. Pl. denen bei einem Subſt. und folgendem Relativſatz hat T. in groſser Ausdehnung der Sprachverwilderung des 17. Jarhunderts entlehnt: IX. 3, Schildb. «in denen Sachen, die..»; ebd. 37; XVI. 63, St. «eins von denen Gemälden, die...» u. ö.

derjenige, ebenſo wie bei dem vorigen: T. IX. 175, W. d. Blaub. «einer von denenjenigen, die...».

dermalen = jetzt, erſt ſeit ca. 1700: T. XIII. 84, 109, Mel. u. ö.

derohalben: T. XIII. 49, Hk.; IX. 284, Abr. Ton.

der Dintenklecker: W. Schl. Sh. Heinrich VI. Tl. I. III. 1.

doppel; Gr. hat aus neuerer Zeit nur Voſs: T. XVI. 265, St. «mit doppler Macht» — I. 72, Oct. «doppeln Tod» — neben doppelt, z. B. II. 133, Gen. «doppelt ſchärfer»; und gedoppelt, ebd. 59.

dorkeln = torkeln: T. I. 153, Oct. «er ... dorkelt».

dorten: T. IV. 354, Mag. u. ſ. o.

das Drangſal: T. II. 217, Gen. «manches Drangſal»; neben die Dr., wie z. B. XIII. 141, Mel.

draus = drauſsen: T. XIII. 304, Aut.

dreierhande = dreierlei: Fr. Schl. IX. 41, Rol. f. Stuck, vgl. vielerhande.

dringen, ſich dringen: T. XIII. 169, Mel. das Tier «an den Mann ſich drang» (R); II. 264, Gen. «Die Sterne ... drungen in das irdſche Element»; Gd. II. 21 «wie ihn .. Furcht und Zweifel drungen» (R).

drinne: T. II. 35, Gen. «Er fitzt .. drinne»; X. 126, Z. u. f. o. — neben drinn, I. 289, 291, Oct. — drinnen, I. 300, 334, 387, Oct. — darinne, X. 236, Z. «darinnen, I. 420, Oct.; IX. 173, W. d. Blaub.

drucken = drücken, wie im 16. und 17. Jarh.: T. Gd. I. 37. «Eh ich zu die Augen drucke» (A u. R); 109 u. 236. «Feft druckte Mund an Mund».

(die) Dummut, kom. Wortfpiel mit Demut: T. XIII. 328, Aut., bei Gr. unvollftändig citirt: «Doch hör ich ... | Dich mit Wehmut und Demut und Dummut plagen».

durchfammen, Neubildung = durcheinander und zufammen: T. X. 259, Z. «durchfammen verwirrt».

dürfen = bedürfen: T. I. 309, Oct. «Darf es dann der andern Götzen?»

der Eigner, veraltend: T. IV. 178, g. E.; I. 379, 412, Oct.; W. Schl. Sh. Hamlet IV. 1. «Der Eigner eines böfen Schadens»; Heinrich V. II. 4 u. o.

ein: Fr. Schl. IX. 72, Rol. «Roland blieb noch eine» (A) = alleine.

der Einfiedel, wol aus dem Simplicius in T.s Wortfchatz gekommen: XVI. 154, St. «die Klaufe eines Einfiedels»; ebd. 328 u. ö.; neben Einfiedler, welches z. B. ebd. 78 u. o.

einfiedlifch: T. II. 270, Gen. «Dort will ich ein einfiedlifch Leben füren».

einzel = einzeln: Fr. Schl. im Ath. III. II. 165 = S. W. X. 11. f. mögen; auch W. Schl. im Sh. bedient fich mit einer Ausnahme durchgängig diefer urfprünglichen Form, z. B. Hamlet I. 5. «Jedes einzle Har»; Heinrich IV. Tl. I. V. 1. «Im einzlen Kampf»; dagegen Wie es euch gefällt II. 7. «Dem Einzelnen».

eifern, in alter Weife unflectirt: T. I. 83, Oct. «den cifern Blick»; flectirt z. B. X. 73, Z.

elfen = elfenbeinern, fehlt bei Gr.: T. II. 214, Gen. »aus dem elfnen Bilde«.

elfenbeinern, unflectirt: Fr. Schl. IX. 67, Rol. »mit dem elfenbeinern Horne«.

engebrüftig: W. Schl. Sh. Hamlet III. 4. »In diefer feiften, engebrüftgen Zeit«.

entbrennen (entbrinnen), tranfitiv und intranfitiv: T. Gd. I. 274. »Ein Feuer er entbrann« (R); T. I. 248, Oct. »Der ift zürnend entbrennet« (R); ebenfo ebd. 365.

entfliehen: T. I. 377, Oct. »die .. Schar entflohe«.

entherzen: W. Schl. I. 114, Triftan. »Das Fräulein musste folche Red entherzen« (R); Sh. Heinrich VI. Tl. I. V. 3. »Entherze dich nicht felbft«.

entmuten: T. X. 150, Z. »Armee entmuteter Soldaten«.

fich entfinnen eine Sache: N. I. 23, H. v. O. »doch kann ich mich .. nichts davon entfinnen«.

erbären: T. X. 216, Z., Seitenzal bei Gr. verdruckt, »O wie würd er .... neu erborn!« (R); I. 137, Oct. »So erbiert fie (fc. die Erde) aus dem Sehnen | Liebelechzend reine Waffer«.

erbarmen, tranfitiv: f. Armut.

erheben: T. Gd. I. 28. »Mein Arm den Dolch erhube« (A); T. I. 72, Oct. Der ward »erftochen erft, in Lüften dann erhaben« (R) = erhoben, welches z. B. ebd. 232 (R).

fich erinnern eine Sache: T. XVI. 109, St. »was er fich erinnert«; ebd. 117. »Er erinnerte fich die fromme Rürung, die ...«; vgl. entfinnen — einer Sache z. B. ebd. 150, 350 — W. Schl. Sh. Sturm III. 1. »Ich .. erinnere mir kein weibliches Geficht«; Wie es euch gefällt III. 2. »Was ich mir kaum noch erinnern kann«.

erklecken: T. XIII. 324, Aut. »Das alles will nicht recht erklecken«.

erlamen fälfchlich = erlämen: Ph. (T.) 217. «Dergleichen Gemütsart ... erlamt alle unfre Kräfte».

erluftiren = erluftigen: T. X. 199, Z.; IX. 272, Abr. Ton. fteht «erluftriren».

erröten = rot machen: W. Schl. Sh. Heinrich VI. Tl. II. III. 1. «Nicht erröten follft du mich».

erfchallen: Fr. Schl. IX. 56, Rol. Manches Lied «erfcholle» (A).

erfcheinen: T. XVI. 76, St. «Durch Waldesgrüne | Erfchiene (Indicativ) | ... Ein füfses Gebild»; ebenfo Gd. I. 40. «Der böfe Feind erfchiene»; W. Schl. I. 228, Gd. «Ein blutrot Kreuz erfchiene» (R).

erfchlagen: T. Gd. I. 45 «er erfchluge» (A). vgl. fchlagen.

erftarren, tranfitiv: T. II. 169, Gen. «Künfte, die mir ... mein Blut in Eis erftarrten».

erftaunen, tranfitiv: T. XVI. 334, St. «Ihr erftaunt mich»; X. 273. Z. «Du hätteft ... die Welt erftaunt?»

erftehen: Fr. Schl. IX. 42, Rol. «Wie der ... erftund» (A).

erwarten jemandes: T. I. 246, Oct. «erwartend deiner Ritter».

fabelweife: T. X. 43, Z. «Mein Vater fpricht zuweilen fabelweife»; IX. 46, Schildb.

fahn = fangen: T. XVI. 198, St. u. ö.

fallen: Fr. Schl. IX. 75, Rol. «er .. fiele» (A), Indicativ.

falten: T. I. 144, Oct. «in gefaltner Hand».

fangen: T. II. 255, Gen. (Schmerzenreich, in kindlichem Sprachungefchick?) «dass mich der Böfe fangt».

feilfchen jemanden = erhandeln: W. Schl. Sh. Heinrich VI. Tl. I. V. 5. «So feilfchen niedre Bauern ihre Weiber».

figuriren: T. II. 212, Gen. «Man fieht, dass Engel es gefigurirt» (R).

finden: T. I. 144, Oct. «Die Wunden ..., durch die das Paradies wir widerfunden» (R); W. Schl. I. 100, Triftan «wie ich's in alten Büchern funde» (R); Fr.' Schl. IX. 58, Rol. «dass kein Feind ihn etwa funde» (A).

(die) Finfter u. Finftre: T. XVI. 249, St. «Wont im Wald die Dunkelheit, | Dehnt fich Finfter weit und breit»; Gd. I. 90. «In der Finftre wird ein Zücken | Wie ein Blitzen angefacht».

fliehen: T. XIII. 30, Hk. «alles flohe»; I. 19, Oct. Venus «flohe».

flifpern, Neubildung des 18. Jarhunderts: T. II. 335, Rk. «ein Baum da, deffen Blätter | So heftig flifpern»; I. 112, Oct. «Der Bäume Flifpern».

flück, flücke, eigentlich hochdeutfche Form für flügge: W. Schl. Sh. Kaufmann v. V. III. 1. «Dass der Vogel flück war»; Heinrich IV. Tl. II. I. 2. «Deffen Kinn noch nicht flücke ift».

forthelfen jemanden: T. XVI. 352, St. «Meine Kunft hat mich ... fortgeholfen».

die Frau. Die auch bei andern Dichtern vorkommende fchwache Genitiv- und Dativ-Bildung: T. II. 152, G. «mit der gnädigen Frauen»; ebd. 211 «der armen Frauen (Sing.) Qual» — IX. 18, Schildb. u. ö.

die Freie = freie Luft: T. Ph. 278 (= Gd. II. 85.) «heller fcheint des Himmels Freie» (R); II. 179, Gen. «in weiter Freie» (R); Gd. I. 134 «in der azurnen Freie» (R).

fremde; diefe unverkürzte Form bei T. fehr häufig: XVI. 52, 389, 412 St. u. o; fremd z. B. an der letzten Stelle — = befremdend: W. Schl. VII. 125, Briefe. «Es ift daher nicht fremde, dass der Menfch ... Verfuche anftellte ...»

frohe: Fr. Schl. IX. 54, Rol. «Dess ward Roland wider frohe» (A).

frommütig: T. XIII. 130, Mel. «Er wird alsdann frommütig in fich fchlagen».

für = vor: T. IV. 313, Mag. «für grofser Liebe» (vgl. ebd. 314, «vor übergrofser Liebe»); Herzenserg. 263 «dass fie fich für Aufgeblafenheit nicht zu laffen wiffen»; Fr. Schl. IX. 13, Rol. «für Unheil ... geborgen».

fürchten: T. XIII. 85, Mel. «er furchte fich»; ebenfo ebd. 91, 110, 116, 113 «dass fie fich vor nichts fo furchten»; Gd. I. 35, 264. «Der Meifter furchte ihn», ebd. 265, 288 — neben XIII. 102 «er .. fürchtete» u. Gd. I. 269 «fie fürchteten».

fich gebrauchen: F. XIII. 21, Hk. «Heymon ... gebrauchte fich ungemein tapfer»; vgl. ebd. 47; Fr. Schl. IX. 212, Al. «unfer Herr, ... | Der immer fich fo königlich gebrauchte».

das Geburtswehe = die Geburtswehe: T. IV. 201, g. E. «ein dauerndes Geburtswehe».

gedünken: N. I. 12, H. v. O. «Es gedäuchte mir, als fei ...»; vgl. verdünken.

gelungen: T. Gd. I. 281. «Wüsst' er die rechte Märe, | Ihm wär es noch gelungener» (R) = noch mehr gelungen.

das Geluft: T. II. 9, Gen. «Ich habe gar grofses Geluft zur Kunft»; W. Schl. Sh. Was ihr wollt II. 4. «Deren Liebe kann Geluft nur heifsen» — neben das Gelüft, T. I. 114, 246, Oct. — das Gelüfte, T. IV. 318, Mag. — das Gelüften, X. 347, Z.

das Gemüt: T. XIII. 309, Aut. «in innerften Gemüten» (R).

genefen = glücklich überftehn: T. Gd. I. 265. Ein Linddrache .. «Vor deffen grimmen Rachen | Der Künfte nicht genas» (R).

die Genifte = Ginfter, lateinifch genifta: W. Schl. Sh. Sturm I. 1. «Braune Genifte»; ebd. IV. 1. «Stechginft».

Genoveva, der lateinifch flectirte Accufativ one Artikel neben dem unflectirten mit demfelben: T. II. 201, Gen. «ein Drache ... fürte Genovevam mir hinweg»; u. ö. — dagegen ebd. 220 «bringft du fie, | Die Genoveva, mit?» vgl. XIII. 323, Aut. «So gab ich dir noch ... | Auroram».

der Gefandtfchafter, kom?: T. X. 34, Z. «der himmlifche Gefandtfchafter».

gefchehen: T. IV. 201, g. E. es «gefchahe»; IX. 53, Schildb. u. ö.

gefchlank = fchlank, Neologismus: W. Schl. Ath. III. II. 222 (= S. W. III. 165), Theokritüberfetzung, «dort meine gefchlanken Cypreffen».

die Geftirnung = Konftellation der Sterne: N. 1. 22, H. v. O.

das Gewild, Sammelwort von Wild: W. Schl. Sh. Wie es euch gefällt II. 6. «Wenn diefer rauhe Wald irgend ein Gewild hegt».

der Gift = giftiger Hass: W. Schl. Sh. Julius Cäfar IV. 3. «Ihr follt hinunter würgen euren Gift».

glinzen: T. II. 152, Gen., «der Tod ... glinzt aus deinen Augen».

die Glori: T. XIII. 323, Aut. «In eitel Glori und Heiligenfchein» — dagegen z. B. II. 27, Gen. «zur Glorie | Der heiligen Religion».

das Glück: T. XIII. 162, Mel. «Zu böfem Glück (R) | Hatt' ich es unternommen».

das Gramanzen, Neubildung?: T. XIII. 327, Aut. «All das eitle Gewäfch und Gramanzen» (R); vgl. ebd. 322.

granzen: T. XIII. 322, Aut.

grauerlich, nicht nur wie T. XIV. 164, P. Leb. in der Verbindung «fchauerlich u. grauerlich», fondern auch allein: IV. 196, g. E. «Ein wüftes Heer von Zwergen, | Sie nahen grauerlich» (R).

(das) Graufal: T. XIII. 165, Mel. «Er fpricht dem Graufal Hon».

der Greife: T. I. 117, Oct. «Nicht mehr regte fich der Greife».

der Grofche: W. Schl. Sh. König Johann L 1. «Sein Grofche»; Heinrich VI. Tl. II. III. 1. «Der Grofche».

gulden = golden: T. Gd. I. 25. «als Münze gulden» (A).

das Habe = die Habe: Fr. Schl. IX. 214, Al. «mein beftes Habe» (R), eine Bildung, zu der wol «das Hab und Gut» verleitet hat.

haben: T. V. 28, Blaub. «Hat fich was zu lachen»; diefelbe Redensart V. 332, 343, verk. W.; IX. 199, W. d. Blaub.

der Haber, die eigentliche hochdeutfche Form ftatt der jetzt üblichen niederdeutfchen: T. XIII. 186, Mel.; ebenfo immer in W. Schl.s Sh. z. B. Sommernachtstraum II. 1; Sturm IV. 1.

das Hackemack = Hack und Mack, armes Volk: T. I. 246, Oct. (R).

halten: T. XIII. 143, Mel. «Der Gemal den teuren Eid nicht hielte» (R) Indicativ; diefelbe Form I. 280, Oct. «ich ... hielte» (A); Fr. Schl. IX. 240, Al. «es hielte»; IX. 75, Rol. «er hielte» (A).

der Hämmling = Eunuch: W. Schl. Sh. Sommernachtstraum V. 1; Was ihr wollt. I. 2. «Du follft als einen Hämmling mich empfehlen».

der Hafelant = der Hafelirende, Pralhans: T. I. 347, Oct. «ein junger Hafelant».

häffig = verhasst: T. II. 113, Gen. «er erfchlägt den häffigften von allen».

häuptlings: W. Schl. Sh. Heinrich VI. Tl. I. I. «Ich will vom Tron den Dauphin häuptlings reifsen»; ebd. Tl. II. IV. 10.

heifshunger = heifshungrig: T. II. 71, Gen. «heifshungre Schmerzen»; vgl. Gd. I. 195. «das hungergrimme Feuer».

der Helde: T. IV. 188, g. E. «Da nahm der Helde bieder | Ihn auf die Schultern fein».

die Heldenküne = künheit: Fr. Schl. IX. 70, Rol. (A).
helfen mit Genitiv der Sache, veraltet: T. II. 124, Gen. »Gott helf mir meiner Sünd«.
helfenbeinern: T. XIII. 91, Mel. »aus einem helfenbeinernen Schranke«.
heraufser = heraus, älter neuhochdeutfch und mundartlich: T. II. 159, Gen. »der Baum die Grüne heraufser lässt«; XIII. 321, Aut. wenn es »fich zu viel heraufser nahm«.
herfürkommen: N. I. 156, H. v. O.; T. II. 161, Gen. »fchon kommt die Sat herfür« .. — herfürleuchten: T. XIII. 72, Mel. »Euer .. Herz wie Eure .. Wiffenfchaft leuchten ... herfür« — herfürfchimmern: T. II. 232, Gen. — herfürtreten: T. IV. 192, g. E. u. XIII. 86, Mel.
hernacher, f. heraufser: T. II. 82, Gen. »Der Vater ging hernacher in den Krieg«.
fich hertun = fich herbegeben, fehlt bei Gr.: T. XIII. 55, Hk. »Da tat fich einer her ..«
herz, adjectivifch, im 16. Jarhundert auftauchend: T. XIII. 309, Aut. »im herzeften Herzen«.
die Himmelsmanna = das H., fehlt bei Gr.: T. I. 20, Oct. »Von der füfsen Himmelsmanna« (A).
hinfüro = hinfort, veraltet: T. XIII. 45, Hk. »wir werden hinfüro in aller Sicherheit leben können«; Herzenserg. 192; W. Schl. Sh. Heinrich IV. Tl. I. l. 3. u. ö.
die Hingegebenheit, neuere Bildung, von Gr. nur mit Goethe und Fichte belegt, begegnet dreimal bei W. Schl.: X. 342; XII, 215, 232 — vgl. Fr. Schl. IX. 99, Gd. »beim Kuss der hingegebnen Braut«.
die Hirfchin, mit einer Ausnahme (T. II. 265) in der Gen. ausfchliefslich für Hirfchkuh: II. 199. »O fromme Hirfchin«; II. 210. »Die Hirfchin täglich kam das Kind zu fäugen«; ebd. 247, 253.

der Hofedienft f. Gr. unter «Hof» am Ende: T. V. 260, geft. K. — dagegen z. B. IX. 267, Abr. Ton. «in meinem Hofdienfte».

der Hofemeifter, f. Gr. a. a. O.: T. II. 83, Gen. Er «Macht ihn zum Ritter und zum Hofemeifter».

holdig, die Holdigkeit: T. Gd. I. 258. «Mit dem füfsen, holdgen Mund» .... du «empfindeft ihre Holdigkeit» (R).

der Hollunke: T. XIII. 119, Mel. «wehre dich, Hollunke» — dagegen V. 199, geft. K. u. XIII. 322, Aut. «Holunken nur die murmeln in den Bart». — I. 109, 200, Oct. «das ift der böfefte Hallunke». — V. 77, Blaub. «Halunk du!» — II. 93, Gen. «wer es tut, der ift ein Halunke».

die Huldin, Neubildung des 18. Jarhunderts: Fr. Schl. X. 99, Gd.; W. Schl. Sh. Sommernachtstraum III. 2. «O Huldin».

das Hurkind: T. I. 71, Oct.

imgleichen = ingleichen: T. XIII. 49, Hk.

innen werden = inne werden, wofür Gr. nur ältere Beifpiele hat: W. Schl. I. 219, Gd. «wer die Demutsvolle fah, | Ward hoher Segnung innen» (R).

irren jemanden: T. XVI. 306, St. «um Gott nicht zu irren» — ebd. 366; X. 259, Z; II. 10, Gen. «Ich weifs nicht, was den Hengft im Sprunge irrte»; W. Schl. Sh. Hamlet III. 1. «Nur dass die Furcht ... den Willen irrt».

jemalen = jemals, nach Gr. befonders um 1700 gebräuchlich: T. IX. 44, Schildb.

das Kabinet: N. I. 206 (Eur) «auf dem Standpunkt der Kabinetter».

der Kalmäufer = Grillenfänger: T. X. 120, Z.

das Kamin = der Kamin, mundartlich: T. X. 95, Z. «Ich komme durchs Kamin».

der Kanker, langbeinige Spinne: W. Schl. Sh. Hamlet III. 4. «einem Kanker, einem Molch».

Karle: Fr. Schl. IX. 71, Rol. «Alle feine Starken | Sah da fallen Karle» (A); ebd. 22 «unter Karles Schwerte».

der Katz, mundartlich, f. Gr. unter Kater: T. I. 150, Oct. «der grofse Katz» (von einem Löwen).

fich kauzen = fich kauern: W. Schl. Sh. Heinrich VI. Tl. III. V. 6. «Der Rabe kauzte fich auf Feuereffen».

das Kerlein, nach Gr.s Vermutung von T. der oberdeutfchen, im 16. und 17. Jarhundert gebräuchlichen Nebenform für Kerl «Kerlin» nachgebildet: XIII. 319, Aut. «mein junges Kerlein»; XIII. 119, Mel. «kleines Kerlein»; I. 101, 104, Oct.

das Kind: T. IV. 197, g. E. «Da fieht der Held fchon ferne | Die Kind in Sicherheit»; die übliche Form ebd.

kitzen = junge Katzen, Kitzen, werfen; W. Schl. Sh. Heinrich IV. Tl. I. III. 1. «Hätt' eurer Mutter Katze nur gekitzt».

klägelichen, Adverbium: T. I. 192, Oct. «Was kommt denn da fo klägelichen | Mit Beten, Weinen angefchlichen?»

klingen: T. II. 330, Rk. «die Orgel klung» (R); Fr. Schl. X. 10, Gd. «Felfen klungen» (R).

die Klinze = Klinfe, Klimfe, Spalte: W. Schl. Sh. Sommernachtstraum III. 1. «durch die Klinze follen Pyramus und Thispe wifpern».

die Kluft, der älter neuhochdeutfche fchwache Plural mehrfach im Intereffe der Affonanz: T. Gd. I. 26 «in grofse Kluften» (A); ebd. 46 «Gefchrei erfüllt die Kluften» (A); I. 309, Oct. «einfame Felfenkluften» (A) — dagegen XVI. 228 St. u. Gd. I. 39 «die Klüfte».

knechtlich: T. II. 112, Gen. Du «lehrft mich knechtlich fein».

die Köcherei: T. II. 171, Gen. «ehe die Köcherei kalt wird».

königifch = königlich: T. IV. 302, Mag. «der Königfche wurde bügellos».

können: T. IV. 175, g. E. «Wenn ich mehr lonen kunnte, (R) | Ich gäbe gern noch mehr»; II. 361, Rk. «was haft du für nen grofsen Mund! | Defto beffer er dich freffen kunnt».

köpflings = kopfüber: T. VII. 310, W. Lov. u. Nachgel. Schr. I. 88. «Mich köpflings untertauchen».

kraufen = kräufen, kraus machen: W. Schl. Sh. Heinrich IV. Tl. II. III. 1. Die Winde «kraufen ihnen (fc. den Wogen) das ungeheure Haupt»; Heinrich V. II. 3. «Burfch, kraufe deinen Mut».

kriegen: T. II. 122, Gen. «Haft fchlimme Botfchaft aus der Heimat kriegt?»

die Kriftall: T. IV. 223, Rb. «Die Kriftallen weinen».

das Kül = die Küle, Neubildung des 18. Jarhunderts: T. I. 271, Oct. «Nein, es ift ein füfs Ermatten, | Wie das Kül im Waldesfchatten».

kündig = allbekannt: W. Schl. Sh. Heinrich IV. Tl. II. IV. 3. «Ein kündger Meuter bift du».

künftlich = künftlerifch: Ph. 20 «ein künftlicher ... Mann»; ebd. 28; dagegen ·129 «unkünftlerifch».

der (das?) Kuppel = die Kuppel, ältere Form für Koppel: T. IX. 262, Abr. Ton. «ein Kuppel Bediente»; W. Schl. Sh. Heinrich VI. Tl. I. IV. 2 «von Kuppeln fränkfcher Hunde».

der Landesmann = Landsmann: W. Schl. Sh. Heinrich VI. Tl. I. I. 2. «Ein Landesmann von uns»; ebd. 5. «Hört, Landesleut».

der Läppifch = Lappe, Laffe: T. I. 254, Oct. «ein junger Läppifch».

lärmig, Adjectiv von lärmen: W. Schl. Sh. Richard II. I. 3. «von lärmgen Trommeln».

mein Lebstag: T. I. 136, Oct. «Mein Lebstag kommt's mir nicht in Sinn»; dagegen ebd. 204. «Mein Lebtag nicht vergess ich's»; V. 10, Blaub. «Mein Lebtage».

leiden: Fr. Schl. IX. 47, Rol. «Wo den Tod Sanct Peter litte» (A) Indic.
der Lethe = die Lethe: Ph. 58. «eine kryftallene Zukunft wird der Lethe»; fo auch fonft meift, z. B. Schiller in Hektors Abfchied u. Jungfrau v. O. III. 2.
letzt, Adverb. = neulich, vor kurzem: T. II. 183 u. 220, Gen. «letzt kam der Bruder her mich zu befuchen»; u. o.
auf die letzt = letzte Zuflucht: W. Schl. Sh. Heinrich VI. Tl. II. III. 1. «auf die letzt gerettet».
—lich; die von Adjectiven gebildeten Adjectiva und Adverbia auf —lich f. u. Kap. III. ¶ 37.
das Licht: T. II. 180, Gen. Sie tragen Scheue | «In Formen, Farben, Lichten | Zu Körpern fich zu dichten»; dagegen ebd. 181 «mit Lichtern».
lichten = leuchten: T. II. 115, Gen. «die Feuerwürmchen ... | .. flattern lichtend durch die grünen Mofe».
liebliche, Adverb: T. Gd. I. 278. «Der Bach ging dahin riefelnde | ... Und widerftreitend liebliche | Sang manche Nachtigall».
liebwert: T. II. 132, Gen. «liebwertefte Frau Gräfin».
mancherhande = mancherhand: T. I. 353, Oct. «Ich habe Studien gar mancherhande» (R).
der Mann: T. IV. 174, g. E. «Du haft viel Mann geworben».
Männiglich = Mann für Mann: T. XVI. 17, St. «Dass fich männiglich bemüht, die Kunft immer höher zu treiben».
mannlich = männlich: T. XIII. 157, Mel. «gar mannlich»; Fr. Schl. IX. 30, Rol. «mannlich ftreiten».
mauzen = mauen: T. V. 382, verk. W. «als fie fo wunderbar mauzten und prauzten».
mein: T. XIII. 159, Mel. «Kein Mann darf meine werden»; f. ein.
die Menfchgeftalt = Menfchengeftalt: T. X. 6, Z.

die Metzig = Schlachthaus, fchwäbifcher Provincialismus: T. I. 178, 182, 186, Oct. «Ich kam in die Metzig».

Missbelehrt: W. Schl. Sh. Heinrich VI. Tl. I. V. 4. — Missbefchaffen, Missbefchaffenheit: Julius Cäfar I. 3. — Missnehmen = missverftehn: Richard II. III. 3. — Missnennen: ebd. I. 3. — Missziemen: Heinrich IV. Tl. II. V. 2; Heinrich V. II. 4.

mögen = vermögen: T. II. 173, Gen. «Zwar mag die Lift wol viel und Heuchelei»; Fr. Schl. Ath. III. II. 165 (= S. W. X. 11) «Was mögen Einzle?» — Mag wol, dass .. = es mag fein, dass ..: T. XVI. 78, St. «Wol mag's, dass ihm Treulieb entgegen zieht»; II. 229, Gen. «Mag wol, dass er mich noch in Leiden übt»; ebd. 113. «Wol mags, dass mir der fernfte Wunfch gelinget»; Gd. III. 69 «Mag wol, dass er die fchönften pflückt».

der Mondtag = Montag, Sprachpedanterie im Anfang diefes Jarhunderts: T. XIII. 83, 84, 85, Mel. «Am Mondtag Morgen ritt der Graf... aus».

müffig = muffig, dumpfig: W. Schl. Sh. Romeo und J. V. 1. «müffger Samen».

mühlen = mahlen: T. XIII. 288, Aut. «Vom Grofsen und Starken, das fie mühlen» (R).

mürmeln = murmeln: T. XIII. 324, Aut.; f. brümmeln.

muten: T. I. 330, Oct. «Zu den Zelten treten fie | Froh gemutet, lieblich heiter»; W. Schl. Sh. Heinrich VI. Tl. I. V. 4. «Der Franzofen hochgemutem Volk»; ebd. 5 «Einer Frau, | Gemutet wie die fchöne Margaretha»; ebd. Tl. II. II. 3. «Nie fah ich fchlechter einen Kerl gemutet»; Hamlet II. 2. «Ein blöder, fchwachgemuter Schurke.»

die Nacht: T. II. 225, Gen. «Lebendig ich ihn auch bei Nachte fah».

die Nachtigalle: T. Gd. I. 227. «Es ift die Nachtigalle» (R).

die Nähe: T. II. 213, Gen. «Es war ein Felfenaltar in der Nähen» (R).

närren = zum Narren haben: T. XIII. 277, Aut. «Man närrt fich nur»; W. Schl. Sh. Heinrich VI. Tl. I. I. 3. «Werd ich von kotgen Buben fo genärrt?»

der Nebenbule = Nebenbuler: T. X. 378, Z. «'Ne neue Loge, andrer Nebenbule» (R); W. Schl. Sh. Heinrich IV. Tl. I. I. 3. «one Nebenbulen».

das Nickel = der Nickel, gemeine Weibsperfon: W. Schl. Sh. Heinrich V. V. I. «Spielt Fortuna nun mit mir das Nickel?» Heinrich VI. Tl. II. I. 3. «Ein fchlechtgebornes Nickel».

niederfchlagen: T. Gd. I. 36. «Dass ich ihn ... Mit der Lanze niederfchluge» (A).

niemalen = niemals: T. IV. 181, g. E.; V. 377, verk. W.; XIII. 35, Hk.: X. 214, Z. «So etwas ift mir bis dahin noch niemalen begegnet»; u. ö.

noch ... noch = weder .. noch: T. X. 194, Z. «Noch Menfchenkraft noch Zauberfpruch»; II. 28, Gen. «noch Gefar noch Tod foll mich erfchrecken»; W. Schl. I. 49, Gd. «Noch Krankheit kannten fie noch Furcht noch Klage»: ebd. 87. Desgl. o. im Sh., z. B. Julius Cäfar I. 3. «Noch felfenfefte Burg, noch ehrne Mauern».

nunmehro, Kanzleiftil: T. XIII. 34, Hk. «ich kann ihnen nunmehro auch nicht helfen».

ofte, die unverkürzte Form für oft: T. XVI. 361, St. «fagen, was fo ofte mir gebangt»; I. 221, Oct. (A) — N. I. 107, H. v. O. «Seine fparfame Erfcheinung ift woltätig, öfterer wird fie ermüdend und fchwächend»; fo auch fonft, z. B. Caroline II. 360. «Unter dem Tifch ift fie öfterer zu finden als drauf»; und aufserhalb der Romantik, z. B. Schiller, Braut v. M. (Goedeke XIV. 84), «In der hohen Häupter ... Streit | Sich ... drängen, | Bringt wenig Dank und öfterer Gefar».

oftermals: W. Schl. Sh. Kaufmann v. V. I. 3. «Viel und oftermals habt ihr ... mich gefchmäht».

das Paradiefe: T. Gd. I. 26. «Da erwuchs das Paradiefe | Aus fünf Wunden göttlich blumend» (A).

prachten = prangen, veraltet: T. XIII. 156, Mel. «Und Rubin und Smaragden | Sah man erfchimmernd prachten».

fich Rache nehmen = Rache nehmen: T. I. 116, Oct. Sie fchwur «An der Löwin mindftens Rach | fich zu nehmen».

rennen: T. XIII. 138, Mel. «er .. rennte mit folcher Gewalt auf den Riefen los, dass ..»

der Reuter, bei T. vielfach neben dem jetzt üblichern Reiter: XVI. 140, 220, St. «Ein Trupp Reuter». Mehrfach weichen auch die Texte von einander ab, z. B. vgl. XVI. 348, St. mit Gd. I. 70.

der Reverenz: T. XIII. 84, Mel. «Er .. machte einen zierlichen Reverenz»; auch von Goethe im Götz, Act II, letzte Scene, gebraucht; die Reverenz z. B. IX. 268, Abr. Ton.

riefelnde, Adverbium: T. Gd. I. 278, f. liebliche.

ringen: T. XIII. 139, Mel. «Hierauf rungen die beiden aus allen Kräften».

rifch: T. XIII. 350, Aut. u. 165, Mel. «er ... fchreitet rifch hinan».

die Rofenblut: T. XVI. 245, St. «Wie Liebestraum | Hängt Rofenblut um Felfenklüfte».

der Rudel: W. Schl. Sh. Heinrich VI. Tl. I. IV. 2. «Ein kleiner Rudel fcheues Wild»; dagegen ebd. Tl. III. III. 1. «Das Rudel».

fich rüppeln (rippeln) = fich zum Widerftand regen: T. Nachgel. Schr. I. 116. «Wenn es auch fo langweilig (fc. im Theater) ift, dass man zwölfmal hintereinander nieft, fo darf fich doch kein Menfch rüppeln»; W. Schl. Sh. Sturm V. 1. «Sie können fich nicht rippeln».

rückkehren: T. II. 147, Gen. «er mag rückkehren»; ebd. 261. «rückgekehrt»; W. Schl. Sh. Heinrich V. V. Chorus desgl.; Heinrich VI. Tl. II. III. 2. Wo es «nicht rückkehrt»; T. I. 393, Oct. «rückzukehren»; W. Schl. Sh. Hamlet I. 2. ebenſo — rückrufen: T. Ph. 92. «rückgerufen» — rückwünſchen: T. X. 369, Z. «mit Tränen | Hab ich Dich rückgewünſcht» — rückziehen: T. X. 245, Z. «Rückgezogen alle Gäſte».

ſalz, Adjectiv, Neubildung? W. Schl. Sh. Romeo u. J. III. 5. «Dieſe ſalze Flut»; Sturm I. 2. «Mit ſalzen Tropfen»; ebd. «Der ſalzen Tiefe»; Heinrich VI. Tl. I. I. 1. «Lache ſalzer Tränen».

ſanfte: T. Gd. I. 41. «ſanfte | Herrſcht im Tal und Wald die Ruhe».

ſaugen = ſäugen: T. XIII. 143, Mel. «Ich habe ſie an meiner Bruſt geſogen» (R).

der Schatte, urſprüngliche Form für Schatten: W. Schl. Sh. Heinrich VI. Tl. I. II. 3. «Dein Schatte»; ebd. «mein eigner Schatte»; aber ebd. auch die jetzt übliche Form «ſein eigner Schatten»; ebd. Tl. III. IV. 6. «Ein Doppelſchatten».

die Schelmin: W. Schl. Sh. Kaufmann v. V. V. 1. «Eine kleine Schelmin».

die Scheue, ungekürzte Form für Scheu: T. Gd. II. 207. «In der Höle Arm gefangen | Bin ich dennoch one Scheue»; T. II. 180, Gen. dsgl. ſ. Licht.

der (das) Schilde = Schild: T. Gd. II. 18. «Sei mir du, Maria, milde | Gegen dieſes Leben wilde, | O du ſüſes Gottesbilde! | Deine Liebe ſei mein Schilde!»

ſchlafen: Fr. Schl. IX. 213, Al. «Der Schmerz, der nie in meiner Bruſt noch ſchliefe» (R). Indicativ.

ſchlagen: Fr. Schl. IX. 75, Rol. «wie er auch ſchluge» (A); vgl. erſchlagen und niederſchlagen.

der Schlepp, ſcheinbar mundartlich: W. Schl. Sh.

Heinrich VI. Tl. II. I. 3. «Der Schlepp von ihrem fchlechtften Rocke»; die Schleppe z. B. ebd. Tl. I. III. 3.

der Schliffel = Schlüffel, träger Menfch: T. X. 35, Z. «fcht doch die Schliffel von Hofleuten».

die Schluft, mit fchwacher Pluralbildung: T. IV. 190, g. E. «aus den Bergfchluften»; Gd. I. 47. «in diefen Schluften» (A); I. 391, Oct. «in Waldesgrün und Schluften» — dagegen XVI. 177, St. «In Abgrunds Schlüften».

fchollern: T. XIII. 318, Aut. «Was kommt herauf die Treppe fchollern, | Mit fchwerem Tritt herauf fich kollern?»

fchreiben: Fr. Schl. IX. 120, Gd. «Du, von der Gott felber fchriebe» (R). Indicativ.

fchreien: T. I. 120, Oct. Ich «fchrice laut». Indicativ.

fchreiicht, Adjectivum von fchreien: W. Schl. Sh. Wie es euch gefällt IV. 1. «fchreiichter als ein Papagei».

der Schriftenfteller, ironifch?: T. XIII. 275, Aut. «Sie find wol auch ein Schriftenfteller?» (R); Fr. Schl. Ath. III. II. 237 (= S. W. X. 43, Gd.) «Der Schriftenfteller albernfte Tendenzen».

fchroten = auf Leiterbäume wälzen: T. XIII. 148, Mel. «Die Gefangenen nahmen einen grofsen Karren und fchroteten den ungeheuren Riefen darauf».

fchüchtern = einfchüchtern: T. II. 111, Gen. «den Freund in ihrem Herzen ... zu fchüchtern».

fchweigen = fchweigen machen: T. Ph. 223. «ein .. Meer .., das kein .. Pofeidon .. fchweigt»; II. 149, Gen. f. o. «Bulin».

die Schwerterfaften = das Faften der Schwerter; die Faften, Singular = die Fafte, Sing. = die Faften, Plural: T. II. 124, Gen. «Die Schwerterfaften ift nun aus».

fchwimmen: W. Schl. Ath. I. 1. 113 (= S. W. III.
110). «Beide ... fchwommen»; Fr. Schl. Ath. III.
11. 166. «Schwömm auch allein ... fein Nachen»
(wo S. W. X. 12. «fchwämm» corrigirt ift); T. I. 369,
Oct. «Als wir ... fchwommen» (R).
fchwingen: T. IV. 194, g. E. «Wie fich die Tön
herüberfchwungen» (R); XVI. 372, St. «Der Gefang
fchwung fich wunderfam hinüber»; II. 216, Gen. «Die
Vöglein fich auf Hand und Häuptlein fchwungen» (R).
fehen: T. Gd. I. 274. «Mit Freuden er das fach» (R);
I. 355, Oct. «das fchönfte Tier, das ich je fahe» (R);
und fo häufig.
fein: T. Gd. I. 265. «Ein giftiger Linddrache | Dort in
dem Walde was» (R); IV. 173, g. E. «Die Knecht
geflohen feind»; I. 102, 135, Oct. u. ö. ebenfo.
felb, ftatt der Ordnungszal mit der Grundzal verbunden: W. Schl. Sh. Sommernachtstraum IV. 1. «Wir
.. drei felb drei».
felbft: T. XIII. 309, Aut. «in felbfteften innerften
Gemüten».
fetzen: T. XIII. 116, Mel. «fo dass er fich eilig zu
Pferde fatzte»; W. Schl. Sh. Heinrich VI. Tl. I. 1. 1.
«Das ganze Heer entfatzte fich ob ihm».
fiebentens = zum fiebenten Mal: T. X. 311, Z. «Der
Vorhang finkt zuletzt und jeder meint, | Wie er fechs-
mal fich aufgerollt, fo könnt er | Mit gleichem Grund
es fiebentens verfuchen».
Siegefried, Siegfriede = Siegfried: T. II. 85, Gen.
alle lobten «den Edelfinn des Grafen Siegefried»; Gd.
I. 278. «Siegfriede fafs dann wider».
fiegeprangend: W. Schl. Sh. Romeo u. J. V. 3. «ein
fiegeprangend Grab»; Heinrich VI. Tl. I. III. 3. dagegen «Der tolle Talbot fiegprang eine Weil»; Julius Cäfar I. 1. «der fiegprangt».
fieglos: T. XIII. 106, Mel. «Wie die Böhmen ihren

König fallen fahen, wurden fie völlig fieglos»; f. ebd. 107.

Sigismunde = Sigismund: T. Gd. I. 24. «es fpricht fein Son .. | Der ihn liebt, Son Sigismunde» (R).

fingen: T. II. 87, Gen. «Was feine Engel fungen»; ebd. 216; II. 330, Rk. «Der Kanter fung» (R); Gd. I. 274.

fo, zur Fortleitung der Erzälung, befonders in der Verbindung «dazu fo»: T. XIII. 48, Hk. «Mein Pferd war tot; dazu fo hatten fie mir mein Schwert zerfchlagen»; vgl. ebd. 43, 63 u. IV. 302, Mag. XIII. 106, Hk. «Meine Mutter ift geftorben, fo haben mir die Türken meinen Herrn Vater ... verbrannt» — fo = um fo, defto, wie auch noch bei Schiller u. a. öfter: V. 354, verk. W. «So mehr jenes tätig ift, fo mehr erfcheint diefes faul»; II. 111, Gen. «Langfam ... und fo fichrer müsst ihr gehn»; I. 62, 107, 357, Oct. «Je mehr man Dich anfchaut, fo mehr Verlangen | Hat man Dich anzufehn».

fonderbar = befonders, ausgezeichnet: T. XVI. 114, St. «Alle Kunftwerke ... tragen die Spuren an fich, dass fie der Meifter mit fonderbarer Liebe zu Ende fürte»; XIII. 85, Mel. Wir «rechnen es uns zu fonderbarer Ehre».

fonderlich, Adjectiv = fonderbar: N. I. 39, H. v. O. «Sonderlich war es, dass eine Sage umherging ..»

fonderlich, Adverb = namentlich: T. XIII. 70, Mel. «in vielen Wiffenfchaften .., fonderlich in der Kunft der Aftronomie»; vgl. abfonderlich.

fonderlichen, Adverb: T. X. 201, Z. «Auch trägt er wol an ihm nicht fonderlichen fchwer».

der Sone = Son: T. IV. 174, g. E. «Ihm folgt die Schar verwegen | Und auch der Sone fein».

fonften = fonft: T. XIII. 92, Mel. «Sonften war feine übrige Geftalt adelich und fein».

der Spaden: T. IX. 21, Schildb. «ein .. Gärtner, der
.... die Blumenwurzeln mit feinem Spaden zerfticht».
der Spektakul: T. V. 271, geft. K. «das ift ja ein
höllifcher Spektakul»; V. 418, verk. W. — dagegen
XIII. 306, Aut. «Schon als Knabe lief ich zu manchem
Spektakel hin».
fpielende = fpielend: T. Gd. I. 280. «In Schild und
Harnifch fpielende | Vergiefst er vieler Blut».
fpringen: Fr. Schl. IX. 72, Rol. «es fprunge» (A).
fpüken: W. Schl. Sh. Sommernachtstraum III. 1. «Es
fpükt hier»; Hamlet III. 2. «die ware Spükezeit»; dagegen Sommernachtstraum III. 2. Was fpuken hier
.. für Abenteuer?» u. Wie es euch gefällt III. 2. «Es
fpukt hier».
die Stegereifen = Stegreifen, Steigbügel: T. I. 269,
Oct. «Er lässt die Stegereifen fallen» — Redensart,
T. V. 203, geft. K. «aus dem Stegreif»; ebd. 238
«aus dem Stegereife»; W. Schl. Sh. Hamlet II. 2.
«für den Stegereif».
ftehen: T. Gd. II. 14. «An dem Kreuz die Mutter
ftande, | Schmerzen fült fie vielerhande, | .. | Wie
der Heiland überwande»; ebd. «Wo das Kreuz in
Tränen ftande»; I. 144, Oct. Die Wunden, «die fchmerz-
lich blutend liebreich offen ftunden» (R); ebd. 181,
207, 383. «Die noch in dem Streite ftunden» (A);
Fr. Schl. X. 105, Gd. «Die Burgen ftunden» (R);
IX. 57, Rol. «nach dem Felfenblocke | . . . der da
ftunde» (A).
die Stirn: W. Schl. I. 87, Gd. «Die Mitra ift der
Stirnen aufgedrückt».
ftrauben, fonft nur intranfitiv, erfcheint tranfitiv: W.
Schl. Sh. König Johann IV. 3. «Nun ftraubet . . .
der Krieg den zorngen Kamm».
das Stuck = Stück: Fr. Schl. IX. 41, Rol. «dreierhande Stuck» (A).

funden, noch älter neuhochdeutfch: T. XIII. 160, Mel. «Wir ... haben fchwer gefündet» (R); I. 162, Oct. «dass kein Gedanke gegen dich gefündet» (R).

der **T**alp = Tolpatfch, vgl. Weigand, deutfches Wörterbuch, s. h. v.: T. I. 182, Oct. «Ich meine, grofser Talp, ..» häufiger dafür bei T. der Tölpel, z. B. I. 209, Oct. u. o.; tölpifch, X. 121, Z.

der Tandmann = Poffenreifser: T. V. 102, Blaub. «euer Tandmann, euer Pickelhering ift ein erbärmlicher Kerl».

tänzeln jemanden: W. Schl. Sh. Heinrich VI. Tl. II. I. 3. «Sie närrt dich und tänzelt dich wie ein Kind».

der (das?) Tappe = die Tappe, Tierfufs: T. I. 119, Oct. Der Affe «hub bald ein Tappen auf und bald den andern».

der Taus = Daus: T. I. 158, Oct. «Ei, der Taus!»

trallern = tra-la fingen: W. Schl. Sh. Sturm III. 2. «Wollt ihrs Liedlein trallern?»

die Trebern, in noch jetzt mundartlich vorkommender fchwacher Biegung = Treber: W. Schl. Sh. Wie es euch gefällt I. I. «Soll ich eure Schweine hüten und Trebern mit ihnen effen?» Heinrich IV. Tl. I. IV. 2. «Vom Schweinehüten und Trebern freffen».

die Trulle, Weibsperfon: W. Schl. Sh. Heinrich VI. Tl. I. II. 2. «Den Dauphin .. und feine Trulle»; ebd. Tl. III. I. 4. «Eine Amazonen-Trulle».

die Trutfchel, Schmeichelname für ein dickes Frauenzimmer: W. Schl. Sh. Romeo u. J. II. 4.

der Tuckmäufer, richtiger als Duckmäufer: T. II. 92, Gen. «Bift du auch da, Tuckmäufer?»; XII. 94, Herr von Fuchs; W. Schl. Sh. Was ihr wollt II. 3. «Das Fräulein ift ein Tuckmäufer».

tugendlich: T. II. 144, Gen. «Sie ift fo keufch, fo tugendlich und rein».

tun, die altertümlich-kindliche Umfchreibung des Zeitworts durch tun mit dem Infinitiv von T. fehr häufig, namentlich in der Gen., angewandt: II. 204, 215, 230. «Kein Gedanke mich hier erreichen tut» (R) — etwas dazu tun: T. X. 174, Z. u. V. 333, verk. W. «Warum tun denn Fürften und Herren nicht in Zeiten dazu?»

zum übeln nehmen = übel nehmen: T. XIII. 85, Mel. «Ihr nehmt mir diefen ... Rat nicht zum übeln».

überpürzen = kopfüber ftürzen (H. Sachs «vberburtzen»): T. XIII. 290, Aut. «Du könnteft dich überpürzen» (R); Nachgel. Schr. I. 145. «So muss die Dummheit felbft fich überpürzen» (R); vgl. IV. 140, Phantafus «Im Pürzen, Springen, Kollern».

überwinden: T. Gd. II. 14 er «überwande» = überwand, f. ftehen.

ungehirnt: T. I. 161, Oct. «ungehirnte Toren».

ungemut = mutlos: T. Gd. I. 271. «Ich diene zagen Und ungemuten Leuten»; ebd. 286 «ungemutet».

die Ungetreue = Untreue: T. XVI. 397, St. «Eiferfucht und Ungetreue fchweigen».

unglaubig: T. XIII. 121, Mel. «So rüftete er fich ... um alle Unglaubigen ... zu vertilgen».

unrechtlich = unrichtig: Herzenserg. 45. «etwas Falfches und Unrechtliches» in den Lichtern und Schatten der Gemälde.

fich unterftehen: T. XVI. 103, 362, St. «Ich unterftund mich dich zu lieben» — dagegen V. 259, geft. K. «ich unterftände mir nicht, den Mund aufzutun»; vgl. bewusst.

unwiffend feiner = one fein Wiffen: T. Gd. I. 283. Es «Fiel doch unwiffend feiner | Ein Blatt ab von der Lind»; vgl. II. 255, Gen. «On Wiffen und on Willen meiner».

der Urfacher: T. I. 216, Oct. «Deines Hons | Urfacher»; dagegen ebd. 244. «Ich felber war Urheber meines Schickfals».

fich verblinden jemandem = fich blind machen gegen: T. I. 147, Oct. «Wer wollte deiner Allmacht fich verblinden?» (R).

verbollwerken: T. I. 41, Oct. «Dein hartes Herz, | Verbollwerkt und verfchloffen gegen mich».

verbrennen (verbrinnen): T. Gd. II. 17. «Bis er liebend ganz verbronnen» (R).

verdünken = dünken: N. I. 58, II. v. O. «Auch habe es ihm verdünkt, wie wenn...»

die Vergabung = Begabung, Belehnung: T. XIII. 80, Mel. «am Tage der Vergabung».

vergeben = vergeblich: T. II. 98, Gen. «Wie viel vergebne Worte das nun find»; die Beifpiele aus Goethe u. a. f. bei Weigand, deutfches Wörterbuch II. VII.

verkünden: T. XIII. 323, Aut. «Des heilger unentweihter Mund | Der Gottheit Tiefe hat verkundt».

verlaufen: T. XIII. 52, Hk. «Reynold gedachte der verlaufenen Taten nicht mehr»; II. 41, Gen. «Die Befchreibung | von Sanct Laurentio... | Nebft andern alt verlaufenen Gefchichten».

verlieren: T. XIII. 131, Mel. «Doch ift es, Reymund, Deine eigne Schuld, | Dass Du verleurft des Glückes Lieb und Huld».

verrucken = verrücken: T. Gd. I. 37. «Gehe hin, den Stein verrucke» (A. u. R).

verfchlimmern = fich verfchlimmern, fchlimmer werden: T. X. 150, Z. «Es ift fchon viel, | Wenn es (das Stück fc.) nur nicht verfchlimmert».

verfehen: T. XIII. 12, Hk. «der fich... verfahe»; vgl. fehen.

verftummen = verftummen machen: T. I. 352, Oct. «bis ich verftummt der Chriften hündifch Bellen».

vervielfälten = vervielfältigen: T. I. 135, Oct. «Das heifst die Bufse vervielfälten» (R).

sich verwägen: T. XIII. 146, Mel. «An Eltern darf kein Kind die Hände legen, | Es folgt der Fluch, wer also sich verwegen» (R) = verwogen.

vielerhande = vielerhand: T. Gd. II. 14. s. stehen.

vielgrün: T. XVI. 75, 77, St. «Wone stets bei mir | Im vielgrünen Walde hier».

viergefüsst = vierfüssig: T. IX. 25, Schildb. «ob er Vogel oder viergefüsst sei».

die Vogelscheu: W. Schl. Sh. Heinrich VI. Tl. I. I. 4, dagegen ebd. Tl. III. V. 2. «Eine Scheuche».

vorjetzt = für jetzt: T. XVI. 31, St. «vorjetzt will ich nach Flandern und dann nach Italien».

vormalig, Adjectiv: N. I. 117, H. v. O. «ein bequemes Haus von vormaliger Bauart».

die Waisin: T. XIII. 106, Mel. «was soll ich arme, Vater- und Mutterlose Waisin doch wol anfangen!»

die Waldeinsamkeit, Neubildung: T. IV. 152; vgl. die Kritik der Freunde T.s an dem Wort bei Köpke, L. Tieck I. 210, u. die gleichnamige Novelle T.s, XXVI. 473 — der Waldschatten, T. X. 231, Z.

wälzende = wälzend: T. Gd. I. 282. Der Drache lag «Sich in den Gluten wälzende» (A).

wannehr, vulgär = wann: W. Schl. Sh. Heinrich IV. Tl. I. II. 1.

von wannen: T. XIII. 84, 97, 118, 138, 140, Mel. «wer oder von wannen er sei».

wärend: T. II. 213, Gen. «Das Bild streckt seinen Arm in wärend Klingen» (R) = bei wärendem, fortdauerndem Klingen.

so warlich = so war: T. I. 40, Oct. «So warlich ich der Unruh, die dich quälet, | Unschuldig bin, erhöre meine Bitte» — dagegen z. B. X. 12, Z. «So war ich ehrlich bin».

wasmassen = welcher Massen: T. XIII. 143, Mel. «Auch hab ich dieses Bildnis fertgen lassen, | ... |

Damit ein jeder weifs, der kömmt, wasmafsen (R), | Er vordem war ein mächtger Fürft der Welt».

der Weberfpul: Ph. 162 «dass das Schickfal feinen Weberfpul nur fo hin oder fo hin zu werfen braucht».

weder ... weder = weder .. noch: T. X. 193, Z. «Du kennft die Menfchheit weder, weder mich»; vgl. noch.

fich wegen = fich bewegen: T. IV. 236, Rb. «Die Figur ... wegt fich in allen Linien».

wer, was: T. II. 17, 266, Gen. «Ich wage nicht, was in die Hand zu nehmen»; I. 51, Oct. «Es nahet wer»; ebd. 167. u. f. o. I. 252, Oct. «So tretet was bei mir herein» = etwas, eine Weile — XVI. 8, St. «Mir fiel ein, was er ein vortrefflicher Mann ift»; ebd. 15. «O, was ich mir fchon oft gewünfcht habe ..!»; ebd. 207 «was ich mir wünfche ..!»; II. 9, Gen. «Was das Pferd Sprünge den Berg herunter macht!» I. 201, Oct. «Was das gebaut ift!»

wilde = wild: T. Gd. II. 18. f. Schilde.

wildmutig: T. Gd. I. 267. «Siegfried trat ein wildmutig» (R).

willen = um .. willen: W. Schl. Sh. Heinrich VI. Tl. III. I. 3. «Erbarm dich, deines Einen Sones willen».

wiffend fein einer Sache: T. XIII. 10, Mel. «weil fie der Gemütsart ihres Herrn wol wiffend waren».

der Wurm, Plural die Würm: T. XIII. 164, Mel. «Ihm fprangen Würm entgegen»; ebd. «Würmer».

zarte: T. I. 20, Oct. «Drauf vermälte fich der Glaube | Mit der füfsen (fc. Liebe), die fo zarte» (A).

zauberlich: W. Schl. I. 100, Triftan. «Von zauberlichen Wundern und Gefichten».

die Zehnden = Zehnten: T. V. 302, verk. W. Sind «auch keine Zehnden» bei der Stelle?

zerfliegen: Fr. Schl. IX. 57, Rol. «Mitten durch der Stein zerfloge» (A).

der Zindel, koftbarer Seidentafft: T. IV. 331, 332, 333, Mag. »den roten Flecken, den der Zindel im Meere machte«.

der Zirk = Bezirk, Kreis: T. X. 252, Z. »in dem felgen Zirk«; II. 100, Gen. »Schanzen .. find gemacht, | Wehrlofe Kinder in den Zirk zu fchliefsen«; ebd. 241.

die Zoten = Zote: T. I. 101, Oct. »eine Zoten«.

zucken = zücken: T. II. 191, Gen. »Das Meffer ift gezuckt«; vgl. drucken.

die Zukunft = Ankunft: W. Schl. Sh. Kaufmann v. V. II. 5: »mein junger Herr erwartet eure Zukunft«.

die Zunft: T. Gd. I. 39. »Eingeweiht ... | Ward ich bald den finftern Zunften« (A).

zuruck: T. XIII. 270, Aut. »ich ... komme täglich weiter zuruck« (R) — Gd. I. 25. »Erbarmen | Schiebt den Riegel bald zurucke« (A); XVI. 132, St. »In der Stadt blieb alles Graun zurücke« (R).

die Zuvorkommung = das Zuvorkommen: W. Schl. Sh. Heinrich V. II. 2.

zuwidern = anwidern, zuwider fein: T. XIII. 312, Aut. »Sie fangen mir an fo zu zuwidern« (R).

zwei: T. V. 123, Blaub.; XVI. 349, St. »nach zweien Tagen«; IX. 15, Schildb. u. o.

DRITTES KAPITEL.

DIE MYSTIK
DES
ROMANTISCHEN STILS.

Die Poefie der Romantik ift die Poefie des Geheim- ¶ 27. niffes. Wüssten wir das nicht aus ihrem Inhalt, welcher des Wunderbaren und Zauberhaften übervoll ift, ihre Sprache würde es uns fagen. Es ift die Sprache desjenigen, welcher weifs, dass er Rätfel und Wunder zu berichten hat; welcher fült, dass die ganze Welt, in der wir leben, fich überall auf Rätfel und Wunder gründe, ja welcher erfaren hat, dass das Menfchenherz fich felbft der Rätfel und Wunder gröfstes fei. Nicht Deutlichkeit und Verftändlichkeit gilt ihm daher als Ziel der ftiliftifchen Arbeit — wie kann man das Geheimnis dadurch zu entweihen wagen, dass man es dem Denken klar zu machen auch nur verfucht! — fondern, fagen wir es dreift heraus, Unverftändlichkeit, Unverftändlichkeit für den Verftand, den nafeweis alles durchborenden und zerfetzenden. »Ift denn die Unverftändlichkeit etwas fo durchaus Verwerfliches und Schlechtes?« fragt Fr. Schlegel in feinem klaffifchen Athenäum-Auffatz über die Unverftändlichkeit [102]), welcher, »im Dialekt der Fragmente« gefchrieben, unter blendender Ironie und würzigen Paradoxen die gröfsten romantifchen

---

[102]) Ath. III. 11. 335 ff.; obiges Citat 348 — 9. — Änliche Andeutungen über die Unverftändlichkeit macht N. II. 43 in den Lehrlingen z. Sais.

Warheiten verhüllt, und entgegnet fofort felbft: «Mich dünkt, das Heil der Familien und Nationen beruht auf ihr ... Ja das Köftlichfte, was der Menfch hat, die innere Zufriedenheit felbft hängt, wie jeder leicht wiffen kann, irgendwo zuletzt an einem folchen Punkte, der im Dunkeln gelaffen werden muss.» Und fein Rezenfent und Kampfgenoffe Schleiermacher lobt nicht nur die Vortrefflichkeit diefer Schlegelfchen Unverftändlichkeit über die Mafsen [103]), fondern eröffnete auch felbft gleichzeitig feine Briefe über die Lucinde mit einer ebenfo ironifchen und ebenfo charakteriftifchen «Zueignung an die Unverftändigen» [104]), an die zum «heiligen Dienft der ehernen Formeln» Berufenen, mit einer Zueignung, welche Dorothea nicht übel das Flammenfchwert nennt [105]), «das den Unverftändigen am Eingang des Paradiefes entgegenblitzt».

Unverftändlich alfo will der romantifche Ausdruck fein, aber wolgemerkt für die Verftändigen, für die «harmonifch Platten», die banalen Alltagsköpfe der Nicolaiten. In dem feichten Ocean der Aufklärung des achtzehnten Jarhunderts taucht die ftille Geifterinfel der Romantik empor, von einer Gemeinde der Heiligen bewont. Die Sprache, die dort erklingt, vermag nur die göttliche Phantafie, das tiefe Gemüt der Eingeweihten zu verftehen; wer nicht zur Schule gefchworen, hört lachend die fremden Laute und weifs nimmer, was fie fagen. Dies ift die Auffaffung und Begründung, zu

---

[103]) S. Aus Schleierm.s Leben III. 195, 204, 207. — [104]) Vertraute Briefe über Fr. Schlegels Lucinde. 1800. S. 7. Wie Schleierm. feine eigne Sprache in den Reden gegen den Vorwurf «rätfelhaften Dunkels» und myftifcher Unverftändlichkeit zu verteidigen hat, f. z. B. Aus Schleierm.s Leben III. 279, 284, wo an erfterer Stelle Hofprediger Sack fchreibt: «Ebenfo empörend ift mir die revolutionäre neue Sprache, die der erften Regel alles vernünftigen Redens und Belehrens (der Verftändlichkeit) zum Trotz, immer mit falfcher Münze zalt» u. f. w. — [105]) Aus Schleierm.s Leben III. 188.

welcher die Genannten, Schlegel und Schleiermacher, zunächst durch ihren eigentümlichen Sprachgebrauch sittlicher Begriffe und Namen, durch den Lucinde-Skandal und das «Ehe à quatre»-Fragment gedrängt werden, aber dieselbe lässt sich unbedenklich auf den ganzen Stilcharakter der Romantik übertragen. «Menschen, die so excentrisch find, sagt der erstere [106]), im vollen Ernst tugendhaft zu sein und zu werden, verstehen sich überall, finden sich leicht und bilden eine stille Opposition gegen die herrschende Unsittlichkeit, die eben für Sittlichkeit gilt. Ein gewisser Mysticismus des Ausdrucks, der bei einer romantischen Phantasie und mit grammatischem Sinn verbunden etwas sehr reizendes und etwas sehr gutes sein kann, dient ihnen oft als Symbol ihrer schönen Geheimnisse.» Und von dem Ideal einer philosophischen Sprache schreibt derselbe [107]): «Wo sie Enthusiasmus beseelt, da bildet sich aus den gewönlichsten, einfachsten und verständlichsten Worten und Redensarten wie von selbst eine Sprache in der Sprache. Wo dann das Ganze wie aus einem Gusse ist, da fült der gleichartige Sinn den lebendigen Hauch und sein begeistertes Wehen, und der ungleichartige Sinn wird doch nicht gestört. Denn das ist das Schönste an diesem schönen Sanscrit eines Hemsterhuys und Plato, dass nur die es verstehen, die es verstehen sollen.» Diesen Gedanken von der Sprache in der Sprache nimmt dann endlich der Verfasser der Monologe lebhaft auf, indem er am Schluss des dritten Abschnittes eine heilige und geheime Sprache in der gemeinen als Verständigungsmittel der Verschworenen und als Erkenntnisgrus der Bessern verlangt.

---

[106]) Ath. I. II. 127. Frgm. vgl. auch Aus Schleierm.s Leben III. 123, wo Fr. Schl. schreibt: «Es ist mir ja eben nichts verhasster als dieses ganze Verstandes und Missverstandes Wesen und Unwesen» u. s. f. — [107]) Fr. Schl. «Über die Philosophie. An Dorothea.» Ath. II. I. 36.

¶ 28. Wir befinden uns daher auch was den Namen betrifft, in vollster Übereinstimmung mit den Vätern der Romantik, wenn wir von der Myſtik ihres Stils reden [108]). Doch ſpricht auch noch eine andre Beobachtung für dieſe Bezeichnung. Die Literaturgeſchichte hat uns die groſse Bedeutung würdigen gelehrt, welche die geiſtliche Myſtik des deutſchen Mittelalters für die Entwickelung unſrer Proſa in Anſpruch nehmen darf [109]). An dieſe knüpft nun aber die romantiſche Schule nicht nur durch eine vielfache Ideenentlehnung an, ſondern auch durch die eigentümliche Walverwandtſchaft der ſprachlichen Darſtellungsmittel. Erklärlicher Weiſe! Eine änliche Lage und Aufgabe musste beide Richtungen in änliche Banen lenken. Damals wie jetzt galt es den Kampf gegen einen ausdörrenden Formalismus des Verſtandes, welcher die Tiefen aller Dinge mit der Messſchnur des nüchternen Gedankens zu ergründen vermeinte, einſt Scholaſtik, nun Rationalismus genannt; damals wie jetzt galt es, die Phantaſie in die geheimnisvollen Werkſtätten der Empfindung hinabzutauchen und das verſchollene Innenleben des Herzens dem anſchauenden Geiſt wider unter die Augen zu füren; und damals wie jetzt geſchah dies dadurch, dass neue Kräfte der Sprache entdeckt, neue Wortgebiete urbar gemacht, neue Satzfügungen und Periodenbilder als ſymboliſche Träger der Seelenſtimmung angewendet wurden. Der Wolff-Gottſchedſche Stil-Rationalismus forderte ſeinen Antipoden und dieſer konnte nur in einer Stilmyſtik gefunden werden.

---

[108]) Auch T. bedient ſich deſſelben Ausdrucks. Nachgel. Schr. I. 154 ſagt im Anti-Fauſt der Satan: »Sie behandeln mich romantiſch und ziehen mich in ihre myſtiſche Sprache«; vgl. auch u. ¶ 36. — [109]) Über den Sprachcharakter der mittelalterlichen Myſtik vgl. H. Rückert, Geſchichte der neuhochdeutſchen Sprache I. Lpz. 1875. S. 389 u. Th. Mundt, Kunſt der deutſchen Proſa 165 ff.

Nur Ein Glied der romantischen Schule hat es ¶ 29. gewagt, diesen Grundsatz der Sprachmyftik zu verleugnen, W. Schlegel. Die ruhige Klarheit seines Geistes und die philologische Nüchternheit seiner Kritik hat im Gegenteil niemals schneller den Spott zur Hand, als wo ihm irgend eine Unklarheit des Ausdrucks unter das Rezensenten-Messer läuft und nur die Rücksicht auf die Schulpolitik konnte ihm gelegentlich ein günstigeres Urteil entlocken [110]). «Die Schatten der Seele der Natur» in Schillers Künstlern «werfen, nach seinem Urteil [111]), auf diese sonst schöne Stelle einen Schatten der Undeutlichkeit» und der Titel der «Bambocciaden» [112]) scheint ihm den Lesern zu Gefallen gewält, «die gar zu gern etwas nicht verstehen». An Tiecks «bewundernswürdigem Octavian» hat er auszusetzen [113]), dass die phantastischen Scenen des zweiten Teils «ins Blaue allegorischer Anspielungen ermüdend verschwimmen», und mit seinem Bruder befindet er sich wegen dessen «mystischer, abstruser und willkürlicher Terminologie» in entschiedenem Gegensatz [114]). Über Tieck, welcher alles Ernstes für Gedichte one jeden Sinn als bloſs musikalische Empfindungsstücke schwärmte und bei der Herausgabe von Hardenbergs Nachlass geäuſsert hatte, dass selbst an dem Verlust dieser Werke nichts gelegen, «weil Hardenbergs Umgang in den Freunden Wurzel geschlagen haben muss», spottet er [115]): «vielleicht wird die Poesie überhaupt so sublimirt, dass man nicht mehr Gedichte, sondern bloſse Einbildungen von Gedichten liefern wird! Uns Realisten aber, die wir uns nicht so behelfen können, lass einstweilen das Manuscript». Und endlich selbst sein literarischer Verzug, Fouqué, entgeht nicht der

---

[110]) Ein solches über T.s Volksmärchen werden wir u. ¶ 43 kennen lernen. — [111]) W. Schl. VII. 12. — [112]) Ebd. XI. 146. — [113]) Ebd. VIII. 147, Brf. an Fouqué von 1806. — [114]) S. u. ¶ 35. — [115]) Bei Holtei, Briefe an L. T. III. 262.

Warnung [116]): «Die einzigen Klippen, wovor Du Dich meines Bedünkens zu hüten haft, find Dunkelheit, welche aus allzukünftlichen Wendungen entfpringt, und Härte aus dem Streben nach Gedrängtheit».

¶ 30. Die übrigen Genoffen dagegen betätigen, wenn auch in verfchiedenen Richtungen, alle die Warheit unfrer Behauptung. Scheinbar am wenigften derjenige, über deffen myftifch klingenden Schriftftellernamen fchon mancher gefeufzt hat [117]), Novalis. Die Vorfchrift, welche er feinem Heinrich von Ofterdingen erteilen lässt [118]): «Der junge Dichter kann nicht kül, nicht befonnen genug fein», hat er fich für den Stil diefes Romans, den feine eignen Worte durchaus zutreffend als «äufserft fimpeln Stil» bezeichnen [119]), offenbar felbft gegeben. Hardenberg übt unftreitig von allen Romantikern die befonnenfte Herrfchaft über die poetifche wie die profaifche Kunftform aus und beweift diefelbe am handgreiflichften im Heinrich von Ofterdingen. Aber grade diefe Einfachheit der fprachlichen Darftellung wirkt mit magifcher Gewalt auf den Lefer, weil fie überall die Anung über das blofse Wort hinauszugehn zwingt. In feinen übrigen Werken, den Hymnen an die Nacht, den Lehrlingen und den Fragmenten liegt das myftifche Element der Sprache dann auch offener zu Tage.

In noch weit höherem Grade ift dies freilich bei Fr. Schlegel der Fall. Sein ftarkes Selbftbewusstfein macht, wie wir am Eingang diefes Kapitels fahen, aus der Not feiner ftiliftifchen Unklarheit eine Tugend; diefe

---

[116]) Fouqué ift ihm in einem Brfe. von 1809, bei Holtei III. 295, «der einzige dankbare Schüler, den ich gehabt». — Obiges aus dem bereits angeführten Brf. an Fouqué W. Schl. VIII. 143. — [117]) f. z. B. einen Brf. Ribbecks an T. bei Holtei III. 135. — [118]) N. I. 106, wo im Verlauf 112 ff. überhaupt treffliche Vorfchriften über dichterifche Sprachbehandlung gegeben werden. — [119]) N. III. 163.

muss aber in um fo fraglicherem Lichte erfcheinen, als
er überall mit der Miene des Philofophen auftritt, alfo
doppelt und dreifach verpflichtet wäre, einen klaren Gedanken zu klarer Darftellung auszuprägen. Sein frag-
mentarifcher Geift zerfchlägt jede Kunftform zu Fragmenten, welche nun ihrerfeits die gärende Maffe der
Ideen in dunkler Sprache zufammendrängen müffen.

Für diefe Mängel werden wir bei keinem mehr,
als bei Tieck entfchädigt. Er ift der Einzige unter
den Verbündeten, welcher, mit angebornem Kunftfinn
für eine poetifche Geheimfprache begabt, grade die Unbeftimmtheit der Empfindung durch die Unbeftimmtheit
der ftiliftifchen Darftellung widerzugeben verfteht. Er
bietet uns die ausgeprägtefte und eigenartigfte Stilmyftik,
welche deshalb auch am einflussreichften auf die Stilbildung des nachwachfenden Gefchlechts geworden ift.
Mit ihm haben wir uns daher auch diesmal vorwiegend
zu befchäftigen.

Von diefer allgemeinen Überficht des in Rede ¶ 31.
ftehenden romantifchen Stilgefetzes wenden wir uns zu
feiner Betätigung im Einzelnen und erwänen zunächft
die directe Bezeichnung des Wunderbaren. Der
erfte Blick in ein eigentümlich romantifches Kunftwerk
belehrt uns, wie die Sprache fich hier in ftets wider-
kehrenden Ausdrücken des Übernatürlichen, Geheimnisvollen, Unausfprechlichen erfchöpft und dadurch dem
Stil fofort ein ganz charakteriftifches Gepräge giebt.
Nicht etwa ein ängftliches Hafchen ift es nach neuen,
ftets wechfelnden Worten und Wendungen, um die
wunderbare Tatfache durch verfchiedenfeitige Auffaffung
dem Verftändnis näher zu rücken; im Gegenteil, die
gröfste Menge der Begriffe und zwar grade die eigentümlich romantifchen, verftecken fich hinter die einfache
Bezeichnung «zauberhaft», «feltfam», «unausfprechlich»
dergl. Die alten Chronikenfchreiber der Kunft dünken

Wackenroder deshalb fehr weife [120]), «wenn fie ein Gemälde blos ein vortreffliches, ein unvergleichliches, ein über alles herrliches nennen; indem es mir unmöglich fcheint, mehr davon zu fagen». Solche Ausdrücke find die Sterne am Himmel des romantifchen Stils, welche mit ziemlich übereinftimmendem Schein unermüdlich verkündigen: «Hier beginnt die Welt der Wunder, welche weit über Deinen Horizont, wenigftens über den Horizont Deiner Sprache hinausliegt». Sie fchlagen dem Lefer, welcher mit dem Verftand und der Phantafie in feinen Gegenftand einzudringen trachtet, die Tür vor der Nafe zu und überlaffen ihn dem Zwielicht feiner Anungen und Empfindungen; mit der Eintönigkeit des Wafferfalls fich ewig neu gebärend betäuben fie fein Denken und umnebeln feine Einbildungskraft, fo dass ihm felbft am Ende «wunderbar» zu Mute wird — dann ift die Abficht des romantifchen Verfaffers erreicht.

Da Zalen den beften Beweis liefern, fo feien im folgenden zunächft aus verfchiedenen Abfchnitten romantifcher Schriften die betreffenden Worte — freilich Vorfichts halber mit Hinzufügung eines f. e. c. — ausgehoben.

In T.s bl. Eckb., IV. 144—169, begegnen auf den 25 Seiten in Summa 42 derartige Ausdrücke und zwar an Hauptworten «Geheimnis, Rätfel, Seltfamkeit, Wunder» zufammen 5 mal; dagegen an Adjectiven mit ihren Steigerungsformen «feltfam» 15 mal, «fonderbar, unbefchreiblich, verzaubert» 6 mal, «wunderbar, wunderlich, wunderfam» 16 mal.

Die 9 Seiten der Herzenserg., welche «von zwei wunderbaren Sprachen und deren geheimnisvoller Kraft» handeln, S. 131—140, bieten «abenteuerlich,

---

[120]) Herzenserg. 90; vgl. die änlichen Äufserungen von W. Schl. Ath. II. 1. 47, jetzt S. W. IX. 11.

bewundernswürdig, ewig, geheim, Geheimnis, geheimnisvoll, heilig, Hieroglyphenfchrift, Himmel, himmlifch, unbegreiflich, unbekannt, unendlich, unfichtbar, wunderbar (6 mal), wundervoll» zufammen 25 mal.

Der St. fodann, in welchem T. zum erften Mal fich nach Fr. Schl.s Meinung (f. den bei Haym S. 894 citirten Brf. an feinen Bruder) zum wirklich romantifchen Stil erhoben hat, häuft Buch IV. Kap. 1, XVI. 324—352, auf 28 Seiten «Rätfelfprache» 1 mal, «feltfam, Seltfamkeit, fonderbar» 13 mal, «unausfprechlich, unbegreiflich, unerhört» 4 mal, «wunderbar, wunderlich, wunderfam, zaubern, Zauberei, zauberifch, bezaubert» 15 mal, d. h. alles in allem 33 Bezeichnungen diefer Gattung.

Noch ftärker erfcheint der Prozentfatz bei N., deffen H. v. O. allein auf den 9 Seiten des erften Kapitels uns fogleich folgendermafsen überfchüttet: «entzückend, entzückt, geheimnisvoll, merkwürdig, fonderbar, fonderlich, feltfam, unausfprechlich, unnennbar, unbefchreiblich, unglaublich, unbegreiflich, unzälig, unzälbar, unabfehlich, nie gefehn, überirdifch, unendlich, ungeheuer, Wunder, Wunderbarkeit, Wunderbilder, wunderlich, wunderfchön» — Worte, die zufammen 36 mal vorkommen.

In Fr. Schl.s Luc. endlich liegt, wie ihm fchon fein Bruder tadelnd fchrieb (f. das Citat aus dem Mfcr. bei Haym S. 496), der Schwerpunkt des Stils zu fehr in der Rhetorik und dem «gehäuften Gebrauch koftbarer Epitheta». Der Verfaffer beftätigt es felbft in einem Briefe an Schleierm., f. Aus Schleierm.s Leben III. 84, dass das Dithyrambifche nun einmal fein «Dialekt der Liebe und Freundfchaft fei» vgl. die änliche Äufserung in der Luc. felbft S. 38. Ausdrücke wie «göttlich» und «heilig» dienen ihm daher lieber zur Bezeichnung jener Begriffe als die unbeftimmteren «wunderbar» und «feltfam». Wenn wir dies in Rechnung bringen, fo bietet z. B. die «Allegorie der Frechheit», S. 24—40, folgende Blumenlefe: «göttlich, heilig, himmlifch, allmächtig» 12 mal, «Geheimnis, geheimnisvoll, Myfterien, myftifch, feltfam, fonderbar, Sonderbarkeit, phantaftifch» 10 mal, «unendlich, Unendlichkeit, unerfchöpflich, unfterblich, unverlöfchlich, unwiderftehlich, unzälig» 9 mal, «Wunder, wunderbar, wunderlich, Zauber, Zauberin, Zauberftab» 7 mal, oder in Summa 38 änliche Worte auf 16 Octavfeiten.

Diefelbe Vorliebe für die Bezeichnung des Übernatürlichen wird fich aber ergeben, wenn wir z. B. die mit wunder- gebildeten Zufammenfetzungen, namentlich bei Tieck und Hardenberg, überblicken.

Wunderanblick, T. Ph. 280 — Wunderbaum, T. Gd. II. 92 — Wunderbewegung, N. III. 298, Frg. — Wunderbild, T. II. 234, Gen.; N. I. 9, H. v. O.; u. ö. — Wunderblume, T. Gd. I. 197; N. I. 17, H. v. O. — Wunderding, T. IV. 221, Rb. — wunderentfetzlich, T. IX. 168, W. d. Blaub. — Wundererfcheinung, Ph. 146; N. II. 1, H. a. d. N. — Wunderfelfen, T. IV. 224, Rb. — Wundergedicht, T. XVI. 227, N. — Wundergeift, T. Gd. II. 95; Ph. 281. — Wundergefchichte, Herzenserg. 207. — Wundergeftalt, T. XVI. 40, St.; N. III. 298, Frg. — Wunderglanz, T. I. 16, Oct.; Ph. 273 — wunderglänzend, T. XVI. 197, St. — Wunderglaube, T. XVI. 85, St. — Wunderheimat, N. II. 8, H. a. d. N. — wunderhell, T. IV. 210, g. E.; Ph. 273 — wunderherrlich, T. I. 18, Oct. — Wunderherrlichkeit, N. I. 205, Eur.; II. 1, H. a. d. N. — wunderhold, T. I. 276, Oct.; Gd. II. 20 — Wunderkind, T. XVI. 106, St.; N. II. 9, H. a. d. N.; Fr. Schl. IX. 18, Gd. — Wunderklang, Fr. Schl. X. 107, Gd. — wunderkräftig, Ph. 194 — wunderkün, T. XIII.

167, Mel. — wunderkünftlich, T. Gd. I. 285 — Wunderland, T. I. 137, Oct.; u. ö. — wunderlieblich, N. I. 104, H. v. O. — Wundermann, T. II. 270, Gen. — Wundermärchen, N. III. 297, Frg. — Wunderobject, N. III. 298, Frg. — Wunderpflanze, Fr. Schl. X. 13, Gd. (= Ath. III. II. 167) — Wunderring, Fr. Schl. X. 98, Gd. — Wunderfage, T. IV. 198, g. E. — Wunderfchatz, N. II. 19, geiftl. L. — Wunderfchloss, Fr. Schl. X. 32, Gd. — wunderfchön, T. II. 116, Gen.; N. I. 12, H. v. O.; u. f. o. — Wunderfchrift, N. II. 43, Lehrl. — wunderfelig, T. I. 8, Oct. — wunderfelten, T. IV. 182, g. E.; u. ö. — wunderfeltfam, T. XVI. 142, St.; N. I. 152, H. v. O.; u. ö. — Wunderfpiel, N. II. 5, H. a. d. N. — Wunderftamm, N. II. 28, geiftl. L. — Wunderftand, N. II. 180, Frg. — Wunderftätte, N. I. 158, H. v. O. — Wunderftreiten, Fr. Schl. X. 96, Gd. — Wunderftrom, T. Gd. I. 185 — Wunderfubject, N. III. 298, Frg. — wunderfüfs, T. XIII. 89, 90, Mel. — wundertätig, T. XVI. 152, St.; N. I. 26, H. v. O.; u. o. — Wundertinctur, Ph. 9 und 136 — Wundertraum, T. Ph. 278 — wundervoll, T. XVI. 396, St.; Ph. 164; u. o. — Wunderwarheit, N. II. 106, Frg. — Wunderweg, T. I. 147, Oct. — wunderweit, T. XVI. 22, St. — Wunderwelt, T. I. 158, Oct. — Wunderwerk, T. X. 176, Z; Herzenserg. 192; u. f. o. — Wunderwefen, T. I. 17, Oct. — wunderwürdig, T. II. 41, Gen.; I. 236, Oct.; N. I. 191, Eur. — Wunderzeichen, Ph. 194. —

Am überrafchendften endlich fpringt die vorliegende Stilrichtung aus den pleonaftifchen Häufungen des Wunderbegriffes, welche für die romantifche Darftellung faft einen typifchen Wert erhalten haben, ins Auge.

Wunderlich feltfam, T. XVI. 125, St. — unverftändlich und rätfelhaft . . feltfam zauberifch, ebd. 263 — der rätfelhafte Wunderglanz, T. Ph. 273 —

eine wunderbare geheime Gewalt, Herzenserg. 151 —
eine geheime wunderbare Macht, ebd. 189 — eine
wunderfeltfame, unausfprechliche Seligkeit, Ph. 51 —
feltfam, bedeutend, wundervoll und von geheimem
Zauber umweht, Fr. Schl. Ath. L II. 153 = S. W.
VIII. 99 — die wunderbare, geheimnisvolle Anmut,
N. I. 54, H. v. O. — eine unbekannte, unfägliche
Herrlichkeit, N. I. 166, H. v. O. — eine entfernte,
wunderbare Zaubergegend, T. XVI. 240, St. — wun-
derliche, fremde, unbekannte Lichter, ebd. 277 —
eine fremde, fchauerliche, halbverftändliche Sprache,
ebd. 327 — ein fremdes, wunderbares Gepräge, N. I.
40, H. v. O. — unbekannte und geheimnisvolle Beziehungen, N. II. 65, Lehrl. —

»Die Wunder des Chriftentums, die myftifchen
Geheimniffe verfchlingen dich in ihren unbegreiflichen
Zirkeln« T. Ph. 66 — »Geheimnisreiche Anung, zärt-
liche Erinnerung fpielen unfichtbar um ihn, Zauber-
kräfte lenken feine Hand und unter ihm entfteht die
wundervolle Schöpfung . .; befreundet tritt fie aus dem
Schatten heraus, der fie unfichtbar zurückhält« T. Ph.
32 — »Ich möchte faft fagen, fie (fc. die Mufik) fei
das Allerunbegreiflichfte, das wunderbar-Seltfamfte,
das geheimnisvollfte Rätfel, das fich in unfichtbaren
Kreifen und doch mit funkelndem Glanz, allgegen-
wärtig und nicht zu fagen wie um uns her bewegt«,
T. Ph. 233.

Einige andre Synonyma des Wunderbaren, auf die
hier nur kurz hingedeutet werden möge, find das namentlich durch Hardenberg in diefer Bedeutung in Umlauf
gefetzte »morgenländifch«, »orientalifch« und der Ausdruck »romantifch« felbft in feinem urfprünglichen, her-
kömmlichen Sinne. Der letztere wurde freilich von
Fr. Schlegel und Hardenberg bald für feinen ganz be-
fondern Schulgebrauch umgeprägt, indem dabei, wie

Haym unanfechtbar nachweift [121]), die Herleitung von
»Roman« mit ausdrücklicher Beziehung auf Wilhelm
Meifter als Anknüpfung und Mittelbegriff diente.

Allein die Romantiker würden ihr Werk nur halb §32.
getan zu haben glauben, wenn fie das Wunderbare auf
den einzelnen Begriff und das einzelne Wort einge-
fchränkt hätten. Erft dann wirkt das Wunderbare, was
es foll, wenn Alles wunderbar ift. Es gilt, das ganze
Gedicht in eine ganze Welt der Wunder zu verwandeln, »wo wir auf eine Zeit lang ganz die Analogie unferer Begriffe verlieren und uns eine neue er-
fchaffen und wo alles diefen neu erworbenen Begriffen
entfpricht«. Derart, rühmt Tieck [122]), verfare Shakefpeare
und daffelbe Ideal haben auch offenbar feine eigenen
und feiner Genoffen Dichtungen im Auge. Es folgt daher, dass auch der Ausdruck des Wunderbaren, wenn
er völlig in den Dienft der romantifchen Idee treten will,

---

[121]) Es fei hier geftattet, Hayms Behauptung S. 251 ff., dass
»romantifch« urfprünglich nichts anders als »romanhaft«, »dem Roman
zukommend« bedeute, noch durch einige andre Anführungen zu be-
kräftigen. In einer Rezenfion W. Schl.s über Lafontaine vom J. 1798
heifst es im Urtext (Ath. I. 1. 167), dass es deffen Romanen fogar
an »romantifchem« Schwunge fehle. Dafür fetzen die Kritifchen
Schriften (I. 307, f. jetzt S. W. XII. 27) fpäter »romanhaft« ein. In
demfelben Jare fchreibt der mit der Luc. befchäftigte Fr. Schl. an
Augufte Böhmer, f. Caroline I. 370: »Welche Wiffenfchaft treibft Du
jetzt vorzüglich? — Ich lege mich vorzüglich auf die romantifche.
Sag das der Mutter und frag fie, wie fich ihr Romänchen befindet?«
Im »Gefpräch über die Poefie« heifst es, Ath. III. 1. 123 = Fr. Schl.
V. 221: »Ein Roman ift ein romantifches Buch. — Sie werden das
für eine nichtsfagende Tautologie ausgeben« ... Dass übrigens fchon
früher von »Roman« ein folches Adjectivum gebildet ift, fieht der
Verf. aus einem Citat bei Th. Mundt, die Kunft der deutfchen Profa
S 330, wo Gotthard Heideggers Mythoscopia romantica, Zürich 1698,
als eine von den Romanen handelnde Schrift angefürt wird. — [122]) T.
»Über Sh.s Behandlung des Wunderbaren« vor der Bearbeitung des
Sturms. Berl. u. Lpz. 1796. S. 10; jetzt Krit. Schr. I. 35 ff., befonders S. 45 u. 51.

nicht am einzelnen Worte haften bleiben darf, fondern die ganze Darftellung beherrfchen und beeinfluffen muss. Der Stil der Romantiker zeigt, dass dazu zwei Wege offen ftanden: der Weg der andeutenden Unbeftimmtheit und der Weg der mufikalifchen Verinnerlichung. Auf beiden hat unfere Unterfuchung ihnen nachzugehen.

¶ 33. **Die andeutende Unbeftimmtheit des romantifchen Ausdruckes** darzuftellen ift unfere erfte Aufgabe. Zu einer Zeit, als die Hochflut unferer literarifchen Revolution fchon verlaufen und den Schulgenoffen ein ruhiges Urteil ermöglicht war, im Jare 1807, fafs W. Schlegel in einer viel befprochenen Rezenfion des Roftorffchen Dichtergartens [123]) über die Vergangenheit zu Gericht: «Man ging den künften und verlorenften Anungen nach; oft wurde mehr eine ätherifche Melodie der Gefüle leife angegeben, als dass man fie in ihrer ganzen Kraft und Gediegenheit ausgefprochen hätte.» Treffender kann nicht gefagt werden, um was es fich handelt. Wort und Satz im romantifchen Stil haben nicht die Beftimmung, Begriff und Urteil zu bezeichnen, fondern nur anzudeuten. Nicht die Sache felbft wollen fie dem Lefer in die Hand geben, fondern nur die Anung von der Sache. Deshalb hüllen fie die Glieder des Gedankens in das geheimnisvolle Gewand einer unbeftimmt flatternden Sprache, deshalb hüpfen fie leife über ihren Gegenftand hin, wie der Abendwind über das Blumenbeet [124]), deshalb durchlöchern fie die gram-

---

[123]) W. Schl. XII. 206 ff. — [124]) In T.s St. heifst es XVI. 270: Die neuen Lieder «müffen einfach in wenigen Accenten das Gefül gleichfam mehr anklingen als ausfprechen» und Ludovico wünfcht ebd. 343 «eins von jenen leichten, fcherzenden Liedern, die die Erde nicht berüren, die mit luftigem Schritt über den goldnen Fufsboden des Abendrots gehen und von dort in die Welt hineingrüfsen». Dass die Lieder im St. diefem Ideal fehr nahe gekommen, beftätigt tadelnd Caroline I 219. «Die Verfe . . faren fo lofe in und aus einander wie die angeknüpften Gefchichten und Begebenheiten.» Vergl. auch u. ¶ 48.

matische Ordnung, wo sie nur können, von dem sympathischen Gefül des Lesers die Ergänzung der Mittelglieder erwartend [125]).

Und diese Unbestimmtheit des Ausdrucks verfehlt um so weniger ihren Zweck, als ihr die Unbestimmtheit des Inhaltes überall in die Hand arbeitet. «Nicht die grünen Stauden und Gewächse entzücken uns, sondern die geheimen Anungen, die aus ihnen gleichsam heraufsteigen und uns begrüfsen» [126]). Nicht in der Sonnenhelle des Tages, sondern in der zitternden Beleuchtung des Mondes oder in dem Zwielicht der Dämmerung, nicht in der anschauenden Nähe, sondern in der verschwimmenden Ferne des Horizonts, nicht in der fassbaren Gegenwart der Sinne, sondern in dem schemenhaften Gebilde des Traumes wird uns jede eigentlich romantische Gestalt, jedes eigentlich romantische Werk vorgefürt. Denn, so gründet Hardenberg diese Tatsache deutlich genug auf unser eigenes Interesse [127]), «Stimmungen, unbestimmte Empfindungen, nicht bestimmte Empfindungen und Gefüle machen glücklich».

¶ 34. Am weitesten in der Klasse der «Nebler und Schwebler», zu welcher ihn selbst Caroline rechnet [128]), hat es unzweifelhaft wider Tieck gebracht. Die Unbestimmtheit seines Ausdrucks war bei ihm durch eine bedenkliche Vorschule angebant, durch die teils angeborene, teils anerzogene Flüchtigkeit und Oberflächlichkeit seines literarischen Arbeitens. Seine früheren Prosa-

---

[125]) Bettina schliefst einmal einen Brf. an T., bei Holtei I. 18: «Ich sage da viel durch einander und wer diesen Brf. in Händen hielte und ihn so sinnlich läse, wie er dasteht, dem würde er keinen Bestand haben, wer aber heimlich lauscht und aufmerkt und mir gut ist, der wird einen einzigen Ton darin hören, der alle andern Töne zur Melodie verbindet.» — [126]) T. in «Die neusten Musen-Almanache u. Taschenbücher 1796—8», jetzt Krit. Schr. I. 82. — [127]) N. II. 132, Frg. — [128]) Caroline II. 121.

fchriften wie «Adalbert und Emma», dann die zalreichen in den Straufsfedern veröffentlichten Erzälungen und der Peter Leberecht haben faft alle unter der Gluthitze buchhändlerifcher Spekulation und jugendlichen Leichtfinns die Notreife erlangt, zumal der Verfaffer fich hier vielfach zum blofsen Überfetzer erniedrigt und dadurch fein eigenes Intereffe untergraben hat. Gallicismen und felbft gröbere grammatifche Fehler warten hier bis heute auf die Feile. Der Verfaffer erfur deswegen fchon damals die gerechtefte Kritik, von niemandem eine gerechtere als von feinem Freunde Wackenroder [129]). «Adalbert und Emma» «trägt die deutlichften Spuren der Flüchtigkeit an fich. Warum müffen doch Leute wie Du fo fchnell fchreiben!» Und mit Bezug auf die «Rosstrappe» bekommt er gar zu hören: «Man verwönt fich durch diefe Art zu fchreiben gewiss am Ende fo fehr, dass man nachher nicht mehr etwas langfames, durchdachtes, in allen Teilen foviel als möglich vollkommenes zu Stande bringen kann». Änlich urteilt drei Jare fpäter W. Schlegel von Tiecks Abhandlung «Über Shakefpeares Behandlung des Wunderbaren» [130]), dass «die Schreibart nachläffig» fei und eben darauf läuft im wefentlichen doch auch Schillers Tadel hinaus [131]): «Es ift Schade um diefes Talent, das noch fo viel an fich zu tun hätte und fchon fo viel getan glaubt; ich erwarte nichts vollendetes mehr von ihm. Denn mich däucht, der Weg zum vortrefflichen geht nicht durch die Leerheit und das Hole». Die Spuren diefer Flüchtigkeit haben auch die fpäteren Schriften nicht völlig zu verwifchen vermocht [132]).

Doch bleibe das Missverftändnis fern, als fei die

---

[129]) Bei Holtei IV. 226 u. 250. — [130]) W. Schl. XI. 20. — [131]) Schiller an Körner, April 1801, Brfwechfel IV. 211, 212. — [132]) S. einzelne Belege z. B. ¶ 26 bei «bewusst» u. «fich unterftehen», u. unten ¶ 40.

Unbeſtimmtheit des romantiſchen Ausdrucks lediglich eine Folge ſtiliſtiſcher Oberflächlichkeit. Ihre Wurzeln gehen unzweifelhaft tiefer, wie ſogleich einleuchten wird, wenn wir nun die Mittel, durch welche ſie erreicht wird, des näheren betrachten.

Es gilt dabei freilich ganz beſonders, jenen Geſichtspunkt nicht aus den Augen zu verlieren, dass die einzelne ſtiliſtiſche Erſcheinung und die für ſie anzuführenden Beiſpiele an ſich keinen ſelbſtſtändigen Wert beanſpruchen dürfen, ſondern dass ſie nur in dem Geſammtbild ihre Berechtigung und ihre Schätzung finden können.

Die ſicherſte und nächſtliegende Art, einen gewiſſen ¶ 35. nur mir bekannten Begriff mehr zu verſchleiern als zu bezeichnen, würde durch ein neues, bisher noch nicht vergebenes ſymboliſches Zeichen geſchehen. Dies kann ſowol ein Verbal- als ein Zalzeichen ſein, denn «die allgemeinen Ausdrücke der ſcholaſtiſchen Philoſophie haben, wie Hardenberg mit Recht ſagt [133], ſehr viel Änlichkeit mit den Zalen, daher ihr myſtiſcher Gebrauch, ihre Perſonification, ihr muſikaliſcher Genuss, ihre unendlichfache Combination». Zalen und Zalreihen, Abſtrakta, ſelbſtgeprägte oder gehäufte Fremdwörter, kurz myſtiſche Termini ſind deshalb die Mittel, welche die Geheimniskrämerei der philoſophirenden Romantiker, Hardenbergs und Fr. Schlegels, widerholt für ſich in Anſpruch genommen hat. Der erſtere färt a. a. O. fort: «Alles aus nichts erſchaffene Reale (wie z. B. die Zalen und abſtrakten Ausdrücke) hat eine wunderbare Verwandtſchaft mit Dingen einer andern Welt, mit unendlichen Reihen ſonderbarer Kombinationen und Verhältniſſe, gleichſam mit einer poetiſchen, mathematiſchen und abſtrakten Welt an ſich». Er nennt in einem andern Fragment [134] die Abſtrakta

---

[133] N. II. 108, vgl. III. 121. — [134] N. II. 80.

«die Gasarten unter den Wörtern: das Unfichtbare».
Von Fr. Schlegel fchreibt fein Bruder an Schleiermacher [135]), dass deffen ganzes Genie fich am Ende auf «myftifche Terminologie» befchränke und urteilt auch fpäter, als er zur Herausgabe feines philofophifchen und theologifchen Nachlaffes aufgefordert wird, mit änlicher Schärfe. Er fchreibt an Windifchmann [136]) 1834 mit Bezug auf die geheimnisvollen Tabellen, mit denen Fr. Schlegel den Rand feiner Hefte zu zieren pflegte: «Es ift ein Würfelfpiel, ein Kartenlegen mit hypoftafirten Begriffen, die in allen möglichen Anordnungen widerkehren; und gefetzt, es läge ein tiefer Sinn darin, was ich bezweifle, fo find fie doch für jeden one einen Schlüffel zu der abftrufen und willkürlichen Terminologie unverftändlich». Die Belege für diefe Behauptungen giebt uns Fr. Schlegel genugfam an die Hand. Den Brief an Dorothea «Über die Philofophie» hat er nach feinem eigenen Geftändnis [137]) «one Materialien und Gerät, aufser ein Octavblättchen Chiffern» gefchrieben; «unter den philofophifchen Worten» hat er «geheime Ordensverbindungen entdeckt» [138]). Am klarften wird uns aber diefe myftifche Richtung feines und des Hardenbergfchen Sprachgebrauchs, wenn wir einige Beifpiele ihrer teils felbftgefchaffenen, teils mafslos gehäuften Barbarismen beibringen.

«Den Antiroman» nennt Fr. Schl. feinen Bruder wegen deffen Widerfpruchs gegen die Luc. W. Schl. VIII. 291 — Inconfequentismus, N. II. 84, Frg. — Philironie, Fr. Schl., Aus Schleierm.s Leben III. 134 — Philophyfik, derf. ebd. 154. — «Das Religiωτατον in deiner Schrift», derf. an Schleierm. ebd. 103 — Satanisken, derf. ebd. 74 — fataniskifch, derf. ebd. 151

---

[135]) Aus Schleierm.s Leben III. 71. — [136]) W. Schl. VIII. 287. — [137]) Aus Schleierm.s Leben III. 90; der Auffatz felbft fteht nur Ath. II. I. I. — [138]) In dem Auffatz Über die Unverftändlichkeit, Ath. III. II. 337.

— Sataniskus, derſ. Luc. 47 — ſkiamachiren, derſ. Aus Schleierm.s Leben III. 176 — ein .. literariſches συμ, derſ. ebd. 114 — unſre Symbiblismen, derſ. Carol. I. 231 — ſymſaulenzen, derſ. Aus Schleierm.s Leben III. 76 — das Symmenſchen, derſ. ebd. 75 — Symphiloſophie, derſ. Ath. I. II. 27, u. ö.; vgl. N. II. 92, Frg. «ächtes Geſammtphiloſophiren» — ſymphiloſophiren, Fr. Schl. Ath. I. II. 73 — Sympoeſie, derſ. ebd. 33. vgl. Haym 893 — συμpolemik, derſ. Aus Schleierm.s Leben III. 158 — Sympraxis, N. II. 118, Frg. — Symprophet, Fr. Schl. Aus Schleierm.s Leben III. 75 — Symkonſtruction, derſ. ebd. 77 — ſynkonſtruiren, derſ. ebd. 81 — ſynexiſtiren, derſ. ebd. 76 — Urinfinitismus, N. f. Aus Schellings Leben I. 277. —

«Der ächte Scholaſtiker iſt ein myſtiſcher Subtiliſt ... Der rohe intuitive Dichter .. iſt ein myſtiſcher Makrolog» N. II. 83, Frg. — «Die Philoſophie iſt .. eine Selbſtſpecifications- und Generationskunſt» derſ. ebd. 87 — «Philoſophismus iſt ein höheres Analogon des Organismus. Der Organismus wird durch den Philoſophismus completirt und umgekehrt. Beide ſymboliſiren ſich einander» — derſ. ebd. 89 — «Das Univerſaliren oder Philoſophiſtiſiren eines ſpecifiſchen Begriffs oder Bildes iſt nichts als ein Ätheriſiren» u. ſ. f. derſ. ebd. 132.

Die Vermiſchung benachbarter Begriffe, die ¶ 36. Verwiſchung der Grenzen zwiſchen an ſich getrennten Vorſtellungsreihen iſt ein zweites Mittel andeutender Unbeſtimmtheit des Ausdrucks. Die Beſtimmung der romantiſchen Poeſie iſt ja nach dem bekannten Schlegelſchen Fragment, der magna charta der Romantik [139]), «Alles was nur poetiſch iſt, vom gröſsten wider mehrere Syſteme in ſich enthaltenden Syſteme der Kunſt bis zu

---

[139]) Ath. I. II. 28.

dem Seufzer, dem Kuss, den das dichtende Kind aushaucht in kunftlofen Gefang», zu umfaffen und zu verfchmelzen — warum follte fie diefe Beftimmung nicht zunächft an ihrem Sprachgebrauch erfüllen? Eine an Solger gerichtete Brieffelle Tiecks vom 6. Jan. 1815 fürt den betreffenden Grundfatz an einem beftimmten Beifpiel klar aus [140]: «Warum wollen Sie aber mit Voss und andern anden und anen unterfcheiden? Mir fcheint der Reichtum und die poetifche Schönheit und philofophifche Richtigkeit einer Sprache nicht blofs darin zu beftehen, dass wir recht vieles fondern und unterfcheiden, fondern auch gegenüber recht viele mannigfaltige Nüancen, ja Widerfprüche (die doch nur fcheinbar find) in demfelben Worte dulden, wie in dem fchönen Anden (das Anen kann ich garnicht leiden) . . . . In meiner Krankheit in München kam ich einmal darauf, eine poetifche Rechtfertigung vieler Ausdrücke .. zufammen zu bringen . . . Unfere Sprache ift von diefer Seite noch garnicht angefasst und verftanden: es geht eine fonderbare Poefie und ware. Myftik durch, aber man gerät in ein unendliches Feld.»

Zwei Vorftellungsgebiete, deren Begriffe die Romantiker mit Vorliebe zu einem myftifchen Nebel in einander fliefsen laffen, das religiöfe und das äfthetifche, können uns am beften zum Beweife des Gefagten dienen. Den Anfang damit macht die Wackenroder-Tieckfche Begeifterung für die frommen Bildwerke des Mittelalters, welche zuerft in den Herzensergiefsungen ihr neues Evangelium verkündete. Der Sternbald und die Phantafien über die Kunft variirten dann das ausgiebige Thema weiter.

«Wie bet ich jetzt die Mutter Gottes und die erhabenen Apoftel in jenen begeifterten Bildern an.»

---

[140]) Solgers nachgel. Schr. u. Brfwechfel I. 334 u. 335.

Herzenserg. 55 — «Bilderfäle ... follten Tempel fein» ff. Ebd. 158 — «Harret wie beim Gebet auf die feligen Stunden» u. f. w. Ebd. 160 — «Kannft Du ein hohes Bild recht verftehen und mit heiliger Andacht es betrachten, one ... in diefem Moment die Darftellung recht zu glauben?» Vgl. W. Schl.s kommentirende Rezenfion S. W. X. 363. 366 und feine fpätere etwas abgefchwächte Erklärung von 1828 ebd. VIII. 226 — «Das ftille Land des Glaubens, das eigentliche Gebiet der Kunft.» Ph. 252 — Glaube ift «der Genuss, das Verftehen eines erhabenen Kunftwerkes». Ebd. 253 — «Die Tonkunft ift gewiss das letzte Geheimnis des Glaubens, die Myftik, die durchaus geoffenbarte Religion.» Ebd. 254.

Die hier angewandte, das religiöfe und das künftlerifche Empfinden nicht etwa nur vergleichende, fondern im Innerften verwechfelnde Ausdrucksweife, der die Vereinfeitigung der Zeit, welche alle andern Lebensgebiete, Vaterland und Religion, nur durch das Schlüffelloch des Kunftintereffes zu würdigen wusste, wefentlich Vorfchub leiftete, wurde bald ein Gemeingut des ganzen romantifchen Kreifes, klang in der einen oder andern Wendung immer wider durch [141]) und fteigerte fich bis zu dem Bedauern Z. Werners, für diefe «beiden Synonyma», Poefie und Religion, nicht einen und denfelben Namen in der Sprache vorzufinden. Wärend ihr aber in der von Wackenroder und Tieck ausgehenden Strömung eine innere Warhaftigkeit der Auffaffung nicht abzufprechen ift [142]), erfcheint fie auf dem andern, dem philofophifchen Flügel der Romantik mehr als ein Spiel

---

[141]) Vgl. z. B. den höchft charakteriftifchen Brf. von Steffens an Caroline vom Juli 1799: Aus Schellings Leben I. 267 ff. Die folgende Äufserung Werners in deffen von Hitzig verfassten Lebensabriss S. 25. — [142]) S. T.s Beftätigung feiner damals zur Myftik neigenden Stimmung in einem Brf. an Solger a. a. O. I. 538—540 u. Köpke I. 286.

des Witzes und als eine blofs äufsere Übertragung des Wortes one fachliche Verfchmelzung. Schon der ganze Ton der unten anzuführenden Äufserungen verrät, dass der religiöfe Sprachgebrauch hier eine Zwangsehe hat eingehen müffen, welche ihn feiner eigentlichen Natur entfremdet hat.

«Hat Hardenberg mehr Religion, fo habe ich vielleicht mehr Philofophie der Religion und fo viel Religion wie Du bring ich auch noch zufammen.» Fr. Schl. an feinen Bruder, aus dem Mfcr. bei Haym 481. — Derfelbe antwortet dem von der Veröffentlichung der Luc. abratenden Bruder, er fchreibe das Buch wie jedes andere «aus Religion» und wenn die Leute es ihm zu toll machten, werde er feine «Bibel» fchreiben. Ebd. 495. Vgl. N. II. 197, Frg. «Die Gefchichte eines jeden Menfchen foll eine Bibel fein... Eine Bibel ift die höchfte Aufgabe der Schriftftellerei.» — Fr. Schl. rühmt Ath. II. 1. 1, dass Dorothea, was er ihr von Spinofa erzälte, «nicht one Religion angehört». — «Mir kommt es vor, als ginge die moderne Gefchichte jetzt noch einmal an und als teilten fich alle Menfchen von neuem in Geiftliche und in Weltliche. Ihr feid die Weltkinder, Wilhelm, Henriette und Augufte. Wir find Geiftliche, Hardenberg, Dorothea und ich. — .... Im Ernft, meine Religion fängt an aus dem Ei ihrer Theorie auszukriechen» .... Fr. Schl. an Caroline I. 223 u. 224. — «Das Chriftentum ift hier à l'ordre du jour; die Herren find etwas toll. Tieck treibt die Religion wie Schiller das Schickfal. Hardenberg glaubt, Tieck ift ganz und gar feiner Meinung; ich will aber wetten was einer will, fie verftehen fich felbft nicht und einander nicht.» Dorothea von dem Jenaer Zufammenleben Aus Schleierm.s Leben III. 132 — Schleierm. rechtfertigt in den Lucinde-Briefen, deren «religiöfe Gewiffenhaftigkeit» Fr.

Schl. Aus Schleierm.s Leben III. 108 rühmt, das enfant terrible S. 107—108 folgendermafsen: «Es ift alles menfchlich und göttlich darin, ein magifcher Duft von Heiligkeit kommt aus der innern Tiefe deffelben hervor und durchweht den ganzen Tempel und weiht jeden ein, deffen Organ nicht in Verknöcherung übergegangen ift . . . . Und unter diefer Bürgfchaft follten Frauen fich fchämen, den Priefter der Göttin anzuhören?» —

Ihren charakteriftifchen Höhepunkt erreichte diefe Strömung in der von den Romantikern in Umlauf gefetzten und dann zu Tode gehetzten Redewendung «etwas aus oder mit oder als Religion treiben». Der an Selbftironie grenzende Missbrauch, welcher mit diefer Formel getrieben wurde, fiel dem Tieckfchen Spott als reife Frucht in den Schofs [143]):

Man muss nur jeden Vorfatz zur Religion machen,
So kann man über die ganze Welt lachen,
Und das Lachen muss wider Religion werden.

Fr. Schl. fchrieb, wie eben gefagt, die Luc. «aus Religion». Der Inhalt beftätigt es. «Wir umarmten uns mit eben fo viel Ausgelaffenheit als Religion.» Luc. 8 — «Man follte das Studium des Müfsiggangs . . . zur Kunft und Wiffenfchaft, ja zur Religion bilden.» Ebd. 45. — Von Caroline I. 244 verlangt er, fie folle ihm über Wilhelms Elegie fchreiben «und zwar mit Religion». — Schleierm. will «aus Religion um der Religion willen nach Berlin kommen», wie er an H. Herz, Aus Schleierm.s Leben I. 202 fchreibt.

Als weiteres noch wirkfameres Mittel der andeutenden Unbeftimmtheit fteht der Romantik die **Abfchwächung des Begriffes** zu Gebote. Es überfchritte Mafs und Zweck unferer Aufgabe, wollten wir

¶ 37.

---
[113]) T. XIII. 307, Aut.; vgl. XI. LXVI, Vorber. z. 3. Lieferg.

jede einzelne Form der Abfchwächung hier aufzuzälen verfuchen. Die wichtigften find auch die charakteriftifchften.

Wir beginnen mit dem Adjectivum, in welchem ftets der Schwerpunkt der poetifchen Rede liegt. «Beiwörter find dichterifche Hauptwörter», fagt Hardenberg mit vollem Grunde [141]), denn das Hauptwort bietet wegen feiner geringern Beweglichkeit der poetifchen Anfchauung lange nicht den gleichen Spielraum dar wie jenes. Eine Abfchwächung des Eigenfchaftsbegriffes wird nun zunächft dadurch erreicht, dass an Stelle des eigentümlichen und anfchaulichen Ausdrucks ein allgemeiner und blaffer gewält wird. Tieck giebt uns durch feinen Gebrauch des «angenehm» ein fo handgreifliches Beifpiel, wie wir kein befferes zu fuchen brauchen. Die verfchiedenften Dinge, welchen wir eine klare und unterfcheidende Eigenfchaftsbeftimmung gewünfcht hätten, liebt er, lediglich durch dies Wort, welches nicht die Erfcheinung des Gegenftandes felbft, fondern nur die Wirkung derfelben auf das Gemüt des Betrachtenden ausdrückt, zu charakterifiren.

Das Vieh machte mit feinen Glocken «ein angenehmes Getöne». T. IV. 338, Mag. — Peter «ging durch einen angenehmen Wald». Ebd. 353. — «Ich fah Wälder und Wiefen mit fernen angenehmen Bergen vor mir liegen.» IV. 150, bl. Eckb. — «Wir gingen über eine angenehme Wiefe.» Ebd. 151. — «In einer angenehmen Stadt mietete ich mir ein kleines Haus.» Ebd. 160. — «Die Gefellfchaft verfügte fich nun in einen angenehmen Garten.» XVI. 31, St. — Sternbald dichtet «in einem angenehmen Walde». Ebd. 80. — Vor ihm lag «eine fchöne Ebene mit

---

[141]) N. III. 178, Frg.; vgl. Fr. Vifcher, Äfthetik. Tl. III. Abfchn. II. Heft 5. S. 1221.

angenehmen Hügeln». Ebd. 151. — Er zieht mit feinem Begleiter «durch ein kleines angenehmes Gehölz». Ebd. 339. — «Eine angenehme Stimme» fingt. Ebd. 347. — Er wird von einem Diener «durch angenehme Baumgänge» geleitet. Ebd. 410. — Ja im Blaubart, V. 19, bedauert jemand fogar, es nicht dahin bringen zu können, dass ihm «der Hut fo angenehm fchief von der Seite fitzt» wie feinem Freunde. —

Nächftdem fällt jedem Lefer namentlich bei Tieck fofort die Überfchwemmung mit den von andern Eigenfchaftswörtern durch die Ableitungsfilbe — lich gebildeten, meift adverbial gebrauchten Adjectiven auf, welchen eine den Begriff herabftimmende, verflüchtigende und auflöfende Kraft innewohnt. Nicht den Leib der Vorftellung felbft, fondern nur deffen Schatten zeigen fie der Phantafie und entfprechen fomit vorzüglich der Aufgabe des romantifchen Stils. Oft mifcht fich aufserdem noch eine archaiftifch-religiöfe Tonfärbung mit hinein wie bei gnädiglich, ewiglich u. a.

Bedächtiglich T. II. 181. Gen. N. II. 35, Gd. (bedächtlich T. IX. 20) — befcheidentlich T. II. 70, Gen. — bitterlich Ph. 210 u. ö. — böslich T. II. 82, Gen. u. o. — brünftiglich T. II. 252, Gen.; I. 92, Oct. u. ö. — dümmerlich (dumm) T. II. 354, Rk. — einfältiglich N. II. 13, H. a. d. N. — einmütiglich T. IX. 64, Schildb. — elendiglich Herzenserg. 270 — ernfthaftlich T. Gd. I. 9 — ewiglich T. XVI. 136, St. u. o. — feftiglich T. II. 207, Gen. — flehentlich T. IV. 312, Mag. — fröhlichlich T. II. 159, Gen. — gewisslich T. XVI. 126, St. u. o. — gnädiglich T. II. 159, Gen.; Herzenserg. 94 u. ö. — herzensinniglich N. II. 32, geiftl. L. — herzinniglich T. IV. 318, Mag.; Herzenserg. 204; N. II. 31, geiftl. L. — höchlich T. X. 178, Z. u. ö. — holdfeliglich T. IV. 134 — inniglich T. XVI. 128, St. u. o.; N. I. 64, H. v. O. — kecklich

T. IV. 181, g. E. u. ö. — klüglich N. I. 8, H. v. O. — kräftiglich T. X. 240, Z. u. ö.; Ph. 277 — künlich T. XIII. 45, Hk. u. ö.; Ph. 130 — kürzlich (in kurzen Worten) T. XVI. 284, St. u. ö.; Ph. 153 — leichtlich T. II. 80, Gen. u. ö. — mächtiglich T. V. 337, verk. W.; Ph. 180 u. ö. — mühfamlich T. I. 135; Oct. — fänftlich T. X. 247, Z. u. ö. — fäuberlich T. XIII. 330, Aut. u. ö. — feliglich T. IV. 142 — feltfamlich T. XVI. 279, St.; N. II. 66, Lehrl. u. o. — ficherlich T. I. 345, Oct. — fichtbarlich T. II. 180, Gen. u. o.; Ph. 237 — tapferlich T. XIII. 95 u. 167, Mel. — überweislich (überweife) T. X. 4, Z. — vermögentlich T. I. 177, Oct. — vorwitziglich T. IV. 133 — weislich T. I. 103, Oct. u. ö. — wonniglich T. II. 232, Gen. — wunderbarlich T. XVI. 149, St. u. o. — wunderfamlich T. Ph. 275 — würdiglich T. I. 418, Oct.

Eine änliche Verfeinerung und Erweichung des Begriffs wird durch den Superlativ erreicht, welcher, weniger in der Form des grammatifchen als des logifchen Superlativs, bei den Romantikern eine ungemein ausgedehnte Anwendung findet. Die Vorftellung, welche in ihrer pofitiven Einfachheit und Beftimmtheit das romantifche Bedürfnis nicht befriedigt, wird über fich felbft hinausgehoben, fo zu fagen fublimirt, potenzirt. Denn »es ift, wie uns ein Athenäum-Fragment belehrt[145]), ein erhabener Gefchmack, immer die Dinge in der zweiten Potenz vorzuziehen«. Diefem Zwecke dienen zunächft die Hervorhebungen des Eigenfchaftsbegriffes durch »fo« »gar« »überaus« dergl., welche namentlich bei Tieck und Hardenberg fo zallos die Oberfläche des Stils bedecken, dass Beifpiele nur ein übriges tun würden. Nur einige Wendungen feien deshalb herausgehoben, um teils als Beifpiele der üblichften fuperlativen Bezeichnungen,

---

[145]) Ath. I. II. 27.

teils zum Beweife zu dienen, welche Häufung der romantifche Ausdruck in der Beziehung one Erröten vertragen kann.

«Die weifsefte Rundung» T. XVI. 398, St. — «die toteften Steine» N. I. 24, H. v. O. — «allaugenblicklich» ebd. 6; «allkräftig» T. X. 229, Z. u. dergl. — «Die hochberühmte Stadt Nürnberg» T. XVI. 14, St. — «Bei den hocherhabenen Geftirnen» T. II. 119, Gen. — «So vollreizende Geftalten» XVI. 386, St. — «Weltberühmte Schönheit» T. IV. 292, Mag. — «Weltberühmte Stadt» Herzenserg. 109. — Ebenfo N. I. 91, H. v. O. — «In der grofsen weltherrlichen Stadt Jerufalem.» Ebd. 48. — «So überfelig» T. XVI. 70, St. u. o. dergl. — «So innigft» T. X. 367, Z. — «So fehnlichft» IV. 312, Mag. — «So recht im Innerften fülen» T. XVI. 52, St. — «So recht innigft empfinden.» Ebd. 202. — «So eine recht überaus künftliche Schmiedearbeit.» Ebd. 17. —

Diefelbe Neigung zur Steigerung des Begriffes ¶ 38. ins Unausfprechliche und Grenzenlofe verbunden mit dem Hang, den Gegenftand in fich felbft zurückkehren, in fich felbft befpiegeln zu laffen, bemächtigt fich auch des Subftantivums. Es zeigen dies die namentlich von den Schlegels ausgebeuteten Verbindungen, welche den Begriff in der Form des Subftantivums durch die Genitivbeftimmung deffelben Wortes oder durch eine adjectivifche oder verbale Beifügung deffelben Stammes potenziren.

Dass die ganze romantifche Poefie, diefe «Transfcendentalpoefie», Ath. I. II. 64, eine «Poefie der Poefie» fein wollte und Goethes Poefie ihr als «die vollftändigfte Poefie der Poefie» galt, ift bekannt, Ath. I. II. 68; vgl. die Auslegungen W. Schl.s in feinen fpäteren Vorlefungen, welche den urfprünglichen Sinn diefer Bezeichnung freilich umdeuten, bei Haym 778.

— Der Spott der Gegner forgte für die Verbreitung. In Kotzebues Pasquill auf Goethe reden die Schlegels den auf dem Thron fitzenden Meifter an: «Du reine poetifche Poefie, | Du Poefie der Poefie, | Hier naht fich Dein getreues Vieh» u. f. w. S. Koberftein Grundriss IV. 881. — Fr. Schl. urteilte von Hülfen, dass deffen Ironie aus «Philofophie der Philofophie» entfpringe, f. Haym 445; fchreibt von feinem Bruder, deffen Arbeiten fei «das Arbeiten des Arbeitens», Aus Schleierm.s Leben III. 76; nennt die Athenäum-Fragmente einen «efprit de l'efprit», Haym 901; lässt in der Luc. feinen Helden «den Genuss geniefsen» und gegen fein eigenes «Misstrauen misstrauifch» fein, Luc. 9 u. 70. Vergl. Schleierm.s Urteil über diefe «Luft an der Luft» in den vertr. Brfen 42 ff.; und was dergl. Wendungen mehr find. — Der ältere Bruder kündigt an, dass die projectirten Jarbücher auch «Kritik der Kritik» enthalten würden, W. Schl. VIII. 50; bezeichnet in feiner Rezenfion des Blaubart T. als einen «Dichter im eigentlichen Sinne, einen dichtenden Dichter» und möchte den geftiefelten Kater «wenn es nicht zu tieffinnig klänge, das Schaufpiel eines Schaufpiels nennen», XI. 136 u. 141. — Endlich rühmen auch Wackenr.s Phantafien über die Kunft S. 194 die Mufik als «die Kunft der Künfte», durch die «wir das Gefül fülen lernen». —

In allen diefen Ausdrücken offenbart fich jene der Fichtefchen Philofophie parallel gehende Grundrichtung des romantifchen Geiftes, welche in Kunft und Leben immer nur fich felbft darftellen, fich felbft anfchauen will und alfo immer nur eine, man möchte fagen, auf ihren eigenen Schultern ftehende, zur Doppelgängerei gefteigerte Subjectivität bleiben muss.

Im übrigen erweift fich freilich das Hauptwort den romantifchen Einflüffen weit weniger zugänglich als das

Adjectivum. Es hat eine zu fertige und ausgeprägte Natur, um dem Abfchwächungstriebe viele Möglichkeiten offen zu laffen. Doch bleibt die Neigung zur Verflüchtigung des Begriffs auch hier unverkennbar. Sie zeigt fich, um nur das Wichtigfte zu erwänen, teils darin, dass Tieck an Stellen, wo felbft der poetifche Stil den beftimmten Artikel erfordert hätte, denfelben häufig one Rückficht auf die entftehende Härte unterdrückt; teils darin, dass Worte, deren Begriff fchon an fich eine Unbeftimmtheit der Erfcheinung enthält, noch überdies in den Plural erhoben werden, um die einfache Unbeftimmtheit dadurch noch zu vervielfältigen.

«Alle Tränen | Ach! fie trachten | Weit nach Ferne» T. X. 5, Z. — «Der Krieg.. | Hat ihn (den Son) und Gattin mir zugleich geraubt.» Ebd. 376 — «Alles was ich für mein gehalten, nahm wie Fremdling von mir auf immer Abfchied» XVI. 288, St. — «So wie ein Auge in der Nacht, wie Öffnung, | Wo man durch fchwarzen Vorhang Morgen fieht» II. 127, Gen.

«Schimmer» liebt T. u. «Ferne» N. in den Plural zu fetzen. XVI. 73, St. «Matte, 135, «Neue, 197, «Mondliche, 294, «Gefpaltene Schimmer» u. f. w. Ebd. 273, 359 u. I. 327, Oct. «Die Widerfcheine»; «Die goldnen Scheine» ebd. 36; «Die Krone, | Deren Scheine | Und heller Schmuck nur waren kalte Steine», ebd. 90. — «Fernen der Erinnerung» N. II. 2. H. a. d. N. — «Aus blauen Fernen», ebd. 3. — «Des Himmels Fernen» ebd. 8. — «Aus tiefen Fernen» ebd. 14. — «Jene Fernen» I. 104. H. v. O. — «In ungewiffen Fernen» III. 123. —

Einen bedeutend gröfsern Spielraum bietet der Abfchwächung nun aber das Verbum mit feinem Trabanten dem Adverbium. Alles was der Ausfage ihre apodiktifche Zuverläffigkeit, Schärfe und Zweifellofigkeit ¶ 39.

nehmen und fie zu einer problematifchen machen kann, alles limitative und hypothetifche laftet auf den Schultern diefer beiden Redeteile. Beim Zeitwort laffen fich daher Wendungen mit «es fcheint», «mich dünkt», «es ift als wenn» u. dergl., beim Umftandswort dagegen die befchränkenden Partikeln «beinahe» «faft» «vielleicht» und änliche als die Parole des romantifchen Stils bezeichnen.

«Wenn ich es befchreiben foll, fo war es faft als wenn Waldhorn und Schalmei ganz in der Ferne durcheinander fpielen.» T. IV. 152, bl. Eckb. — «Auf eine magifche Weife (zauberifch oder himmlifch, denn ich weifs nicht, wie ich es nennen foll) ift meine Phantafie mit dem Engelsbilde angefüllt.» XVI. 202, St. — Ausgedehntere Stellen derfelben Art z. B. ebd. 273 u. 286 u. o. — «Es ift als hätte ich ... oder ich wäre ... doch weifs ich nicht, warum ... ich glaubte, ich wäre ...» u. f. f. N. I. 5, H. v. O.

Das limitirende Umftandswort andrerfeits tritt uns als ein unentbehrlicher Beftandteil des Fr. Schlegel-Hardenbergfchen Philofophirens entgegen. Auf das «vielleicht» find alle ihre Philofopheme gebaut und der letztere wenigftens ift vorfichtig genug es dem Lefer nur felten und auch dann nicht immer vorzuenthalten, wenn es fich um einen Lieblingsgedanken des Schriftftellers handelt. Zu unferm Heil. Denn es muss uns bei der Lektüre diefer überaus gewagten Behauptungen immer eine innere Beruhigung gewären, wenn ein «vielleicht» oder dergl. verrät, dass diefelben doch nicht mit apodiktifcher Zuverficht ausgefprochen werden. Freilich wird die Aufgabe trotzdem keine angenehme, fich auf einem Morboden zu bewegen, der unter jedem Schritte nachgiebt und dem Denken eigentlich nie eine fefte Stellung geftattet und es klingt faft wie felbftmörderifche Ironie, was Hardenberg gelegentlich in einem Dialoge ausfprechen lässt [146]): «Das Hypothefiren ift eine gefärliche Spielerei. Es wird am Ende leidenfchaftlicher Hang zur Unwarheit und vielleicht hat nichts den beften Köpfen und den Wiffenfchaften mehr gefchadet als diefe Renommifterei des phantaftifchen Verftandes. Diefe fcientififche Unzucht ftumpft den Sinn für Warheit gänzlich ab und entwönt von ftrenger Beobachtung, welche doch allein die Bafis aller Erweiterung und Entdeckung ift». Fr. Schlegels Schreibart wurde namentlich in der fpätern Zeit, als er, nach feines Bruders Worten [147] «die konciliatorifchen Filzfchuhe» angelegt hatte, «durch alle die Bevorwortungen, Limitationen und Kautelen fchwerfällig». Schon feine Fragmente und Ideen im Athenäum zeigen dazu die Anfätze. Aber weit ausgefprochener ift daffelbe allerdings in Hardenbergs Fragmenten der Fall. Die unten ftehenden Beifpiele aus vielen.

«Das Äufsere ift ein in Geheimniszuftand erhobenes Innere. Vielleicht auch umgekehrt.» N. II. 104, Frg. — «Sollte Kälte wirklich die Muskeln ftärken, fo müssten Witz, Scherz und Leichtfinn auch wol die geiftigen Muskeln ftärken und erfrifchen, und fo wäre die Vermifchung des Luftigen und Ernfthaften ... vielleicht eine fehr woltätige und heilfame Verbindung.» Ebd. 121. — «In dem Augenblick in welchem ein Menfch die Krankheit oder den Schmerz zu lieben anfinge, läge vielleicht die reizendfte Wolluft in feinen Armen.» Ebd. 181.

Ferner, an einem andern, einem Orts-Adverbium dürfen wir hier nicht vorüber gehen, da in feiner Romantifirung Tieck und Hardenberg eine befondere Kunft-

---

[146]) N. II. 161; vgl. III. 163, Frg.: «Wer Fragmente diefer Art beim Worte halten will, der mag ein ehrenfefter Mann fein, nur foll er fich nicht für einen Dichter ausgeben» ff. u. Haym 366. — [147]) W. Schl.s Brf. an Windifchmann 1834. VIII. 291—292 u. 287; vgl. Gervinus V. 622.

fertigkeit bewiefen haben. Es ift das Wörtlein «abwärts». Die Vorftellung einer beftimmten Richtung oder Stellung im Raume wurde unter Benutzung der urfprünglichen Zweideutigkeit des Wortes, welches den Sinn von unterwärts und feitwärts in fich vereinigt, durch die Romantiker dermafsen abgefchwächt, dass nur der Gedanke an eine undeutlich in der Ferne vorgehende Bewegung oder Handlung übrig blieb und Grimm mit Berufung auf das erfte der untenftehenden Beifpiele den Sinn für «oft unficher» erklären muss. Das Wort wird in diefen Fällen ziemlich fynonym mit den andern bei denfelben Dichtern begegnenden Ausdrücken «fernab» «weit hinab» verwendet. Folgende find die hervorragendften Beifpiele.

«So halte dich nun auch ftill und abwärts.» T. XI. 138, K. v. B. — «Beglückt wer vom Getümmel | Der Welt fein Leben fchliefst, | Das dorten im Gewimmel | Verworren abwärts fliefst.» IV. 354, Mag. — «Weit umher abwärts die Winde blieben.» V. 370, verk. W. — «Lieblich Wänen, | Zärtlich Sehnen | In den Wipfeln abwärts durch die Blätter fäufeln.» XVI. 254, St. — «Schamerröten Liebe abwärts wandte.» II. 149, Gen. — «Die Stunden die Wochen abwärts leiten.» Ph. 233 — «Die Wolken teilen fich, ein Windftofs fürt | Sie abwärts.» Ebd. 278 — «Mit ihnen feh ich die mir abwärts neigen, | Die» .... T. Gd. I. 107 — «Ach, in fchönerm Wanfinn fliegt mir felber | Kunft mit allen den Meiftern traumgleich abwärts.» T. Nachgel. Schr. I. 205 — «Abwärts liegt das Vaterland.» N. I. 52, H. v. O. — «Die Mädchen erröteten und lächelten abwärts.» Ebd. 98 — «Abwärts wend ich mich zu der heiligen, unausfprechlichen, geheimnisvollen Nacht.» II. 1, H. a. d. N. — «Jartaufende zogen abwärts in die Ferne wie Ungewitter.» Ebd. 4. —

«Fernab vom weltlichen Getümmel.» T. X. 39,

Z. — «Fernab liegt alles.» Ebd. 72. — «So fernab im Traume feiner Kindheit.» XVI. 70, St. — «Fernab erklingt.es.» Ebd. 362 — «Im Walde fernab die ungewiffeften Spuren.» Ebd. 387 — «Fernab liegt die Welt.» N. II. 1, H. a. d. N. — «Weit! weit! | Liegft du Welt hinab.» T. X. 232, Z. — «Weit hinab fchaut des Propheten Blick.» II. 68, Gen. — «Seine Stimme zitterte durch alle Bäume hinab» IV. 329, Mag. —

Auch die Rektion der Präpofitionen weift bei ¶ 40. Tieck eine Anzal Abweichungen von dem gewönlichen Sprachgebrauch auf, welche zum Teil derfelben Abfchwächungsneigung, zum Teil aber dem allgemeinen Gefetz jeder dichterifchen Darftellung, der Ungewönlichkeit des Ausdrucks, entfproffen zu fein fcheinen. Mehre davon fchlagen freilich der Grammatik fo handgreiflich ins Geficht, dass man fie lieber einem Fehlgriff des Setzers als der Abficht des Verfaffers zufchreiben möchte, wenn fie nicht gar zu oft und zu methodifch widerkehrten. In der erften Hälfte der folgenden Beifpiele wird die Präpofition mit dem Kafus der Bewegung ftatt des erwarteten der Ruhe verbunden; in der zweiten ift das umgekehrte, die Ruhe ftatt der Richtung eingetreten.

«Lass Dich von diefer Freude noch in diefe Welt zurückhalten.» T. VIII. 127, Abd. — «Nun werde ich nicht mehr nach jenen (*fic*) Berg hinblicken.» VIII. 320, Ad. u. E. — «Du haft gewaltig an die Kette geriffen, die unfere Seelen zufammenbindet.» VI. 259, W. Lov. — « .. um in ihr ruhiges kaltes Land feften Fufs zu faffen». XVI. 130 St. — «Mir fällt mein ganzes Bewusstfein um, | Steht auf den Kopf und macht mich dumm.» XIII. 318, Aut. — «Ift unfer Heiland nicht geboren | In Paläftinam?» I. 103, Oct. — «Sie landen drauf in Afiam.» Ebd. 146 — «Wenn ihr zu Chriftum euch bekennt.» Ebd. 192.

«An ihm war die Wolfart feiner Partei gekettet.»

VII. 72, W. Lov. — Er war «für uns und diefer (*fic*) Erde» zu gut. Herzenserg. 55 — «Sternbald war über Afchaffenburg und dem (*fic*) alten Mainz den fchönen Rhein hinunter ... gereifet.» XVI. 81, St. — «Sie brächten fich gern die Anficht der Ewigkeit des Himmels, der Vergänglichkeit aller irdifchen Güter klar vor den Sinnen, um defto gemächlicher auf ihrer Ban fortzufchreiten.» Ph. 227. —

¶ 41. Die andeutende Unbeftimmtheit des romantifchen Stils ift aber nicht zufrieden, nur die Begriffe abgefchwächt zu haben, fondern fie erweitert fich endlich zur **Abfchwächung des Urteils**, indem fie den Satzbau und die Satzfügung fich in änlicher Weife dienftbar macht wie oben den einzelnen Ausdruck. Dies Ziel wird einesteils dadurch erreicht, dass Satzglieder, welche der naturgemäfsen Widergabe des Gedankens unentbehrlich find, herausgeworfen oder zufammengezogen werden und dadurch Härten und Verkürzungen entftehen, welche die nachempfindende Phantafie des Lefers erft wider ergänzen und ausglätten muss, anderenteils dadurch, dass die Satzverbindung gegen das logifche Verhältnis der Urteile eine auffallende Gleichgültigkeit beweift und die fchlaffen Glieder nur lofe an einander fügt.

Bis zur Manier häufig begegnet uns bei Tieck zunächft das **Fehlen des kopulativen Verbums**, was dann mehrfach, namentlich in der Genoveva, eine harte, herbe Participial-Konftruction zur Folge hat. Es ift nicht unmöglich, dass Tieck hierin durch feine fpanifchen Studien und Überfetzungen, welche bekanntlich der Genoveva auch fonft zu gute gekommen find, beeinflusst worden ift. Wenigftens macht ihn W. Schlegel bei Zeiten auf die Not aufmerkfam, die ihm die vielen fpanifchen Participia machen würden [148]).

---

[148]) Bei Holtei III. 226.

«Leife Lüfte | Wehen linde, | Durch die Klüfte | Blumendüfte | Gefang im Winde. | Geifterfcherzen, leichte Herzen!» T. X. 6, Z. — «Sie ging mit Frühling Hand in Hand, | Die Wefte küssten ihr Gewand, | Zu Füfsen | Die füfsen | Viol und Primel hingekniet, | Indem fie ftill vorüberzieht.» XVI. 76, St. — «Sein (des Phantafus) Spielzeug eingepackt, | Ihm alles wider ins Kleid gefteckt | Und Vernunft macht 'ne drohende Mine.» Ebd. 369 — «Gegen dein Gezelt, | Wo der Waffen Klang, | Wend ich den Gefang.» II. 46, Gen.; ebd. 123 u. ö. — «Um Mondfchein zittern Wölkchen angefchwommen.» Ebd. 115.

Ferner geftattet fich Tieck einigemal in eigentümlicher, unferm Sprachgebrauch zuwiderlaufender Weife, die Auslaffung des «zu» vor dem Infinitiv, namentlich wenn daffelbe in einem parallelen Gliede bereits vorangegangen ift.

Man muss die Liebe nicht verfchleudern, | «Um nicht in jenen fchlimmften Fall zu kommen, | Um Liebe einft zu betteln und wie Bettler | Mit Hönen von der Tür gewiefen werden.» T. X. 71, Z. — «Noch mehr | Der Schlachten wünfcht ich zu erleben, öfter | Das Schwert zu brauchen für die deutfche Sache, | Ein Held zu fein und brav erfunden werden.» II. 130, Gen. — «Ihm dünkt die Welt erneuet | In andern Farben blühn.» IV. 195, g. E.

Aber auch noch verfchiedene andere zur Härte wie zur Unbeftimmtheit neigende Ellipfen, von denen eine fogar bis zur Verftümmelung des Wortes vorgefchritten ift und «fangen» ftatt «anfangen» gebraucht hat, finden fich bei demfelben Dichter.

«Hier kommt es nicht (darauf), Euch zu beluftgen an.» T. X. 199, Z. — «Er bekümmert fich nie (um das), was in der Welt vorfällt.» XVI. 111, St. Vergl. ebd. 362: Es «Kümmert fich keiner, dass ich wone hier». — «So auch der Liebe Licht | Wandelt mit Dir, | Löfchet wol nimmer nicht. | Ift dorten (bald, wie Gd. I. 81 allerdings hinzufügen) bald hier.» Ebd. 133. — «Fangen die Geifter auf den Fluten zu fpringen (an).» Ebd. 249. — «Doch widerfur mir das um keines Lafters (willen).» I. 132, Oct.

Sodann füren die Romantiker eine gewaltfame Verkürzung des Ausdrucks in der Rektion des Zeitworts herbei. Entweder nämlich erfcheint mit einem Verbum, welches naturgemäfs eine Präpofition neben fich erwarten liefs, der abhängige Begriff unmittelbar im Dativ oder Genitiv verbunden, wie dies fonft nur der erhabnen Sprache der Ode eigen ift; oder umgekehrt ein Verbum der Ruhe wird durch die Belaftung mit einem Umftandswort oder einer Präpofition der Richtung zu einem Verbum der Bewegung gemacht, fo dass nun die Gedanken des Lefers noch einen zweiten Verbalbegriff als Träger derfelben zu ergänzen haben. Das erftere Mittel findet befonders im Octavian feine reichliche Verwendung und trägt mit dazu bei, den Stil diefes Drama mit dem Stempel der Manier zu verfehen.

«Die andern traten feinem Glanz zurück.» T. I. 196, Oct. — «Dem Anblick musst ich fromme Tränen weinen.» Ebd. — «Der hohen Pracht erftaunt die ganze Welt.» Ebd. 198; vgl. «Damit die Welt dem neuen Glanz erftaune.» II. 28, Gen. — «Dreifsig Kön'ge . . . . | Blutgierig all', der Religion erboßt.» Ebd. 228. — Vergl. «Und halb entfaltet der Mufik die Leier.» W. Schl. I. 88. Gd. — «Wir bleiben eines Ziels vereint.» Fr. Schl. bei W. Schl. I. 251. —

«Mein Genius ängftigt mich fort aus Italien.» T. VI. 192, W. Lov. — «Ein böfer Geift . . . ., der ihn durch das Leben dahin ängftigt.» IV. 201, g. E. — «Die meiften dünken fich noch was rechts, wenn fie» die Sorge «in recht heftige Bewegung ängftigt.» XVI. 71, St. — «Der ftreitende Kreis .... gärt und ängftet fich in die Ruhe zurück.» Gd. I. 130. — Der Unzufriedene «fich von Hügeln talwärts härmt». Gd. II. 201. — «Doch war mein Herz nach Liebe hingefehnt.» II. 72, Gen. — «Bald zittert fie hinweg vor jenem Bilde.» X. 194, Z.

Die Vernachläffigung der logifchen Beziehung ¶42. in der Zufammenfügung der Sätze zeigt fich, wenn wir uns auf die fprechendften Fälle befchränken, erftens darin, dass von zwei Objecten das eine häufig in der Form eines Hauptwortes, das andre als Relativfatz erfcheint, ein Mangel an grammatifcher Symmetrie, für den die Romantiker Goethe zum Vorgänger [149]) und manchen fpäteren, nichtwiffenfchaftlichen Schriftfteller zum Nachfolger haben; zweitens darin, dass der finale Infinitiv mit «um zu» nicht daffelbe Subject wie fein Verbum finitum erhält; drittens darin, dass der Relativfatz erft in gröfserer Entfernung und nachläffig feinem Träger folgt oder auch durch Attraktion ein felbftändiger Satz einem vorangegangenen Relativfatz untergeordnet wird [150]). Einmal geht die Unbeftimmtheit fogar fo weit, das Relativum mit Verleugnung der grammatifchen Kongruenz auf einen früheren, dem Gedanken vorfchwebenden Begriff zu beziehen. Alle diefe Erfcheinungen löfen dem Satzgefüge die Glieder und brechen die zur klaren Verftändlichkeit erforderliche Koncentration aller Periodenteile. Für jeden Fall mögen einige Beifpiele fprechen.

«Sie fprach oft .... von ihrem Kummer und dass ihr fchöner Son warfcheinlich umgekommen fei.» T. IV. 348, Mag.; u. dergl. f. o. — «Ich bot ihr das

---

[119]) f. A. Lehmann, Goethes Sprache und ihr Geift. Berl. 1852. S. 74. — [150]) f. ebd. S. 126 ff.

müde Pferd an, um bequemer fort zu kommen» (= damit fie). XVI. 297, St. — «Ift es nicht zu arg, dass da der jüngfte Tag plötzlich hereinbricht, one ihn nur ein bisschen zu motiviren?» IX. 354, j. G. — «Die bekannte Bildung meiner Mutter zog fich fichtbarlich zufammen, die nach mir mit ernften Minen fchaute.» IV. 206, g. E. — «Ich konnte mich ordentlich gegen die grofsen herrlichen Geftalten nicht fchützen und mich ihrer nicht erwehren, die in meiner Phantafie aufftiegen.» XVI. 28, St. — «Die höchfte Kunft .... ift ein Gefang, deren Inhalt nur fie felbft zu fein vermag.» Ebd. 274. — «Gemälde, die er in feinen Gedanken ordnete und mit Liebe bei diefen Vorftellungen verweilte.» Ebd. 19. — «Ein Tannenbaum, den der Sturm von einer Seite zur andern warf und je zuweilen faft bis zur Erde den Wipfel beugte.» IV. 191, g. E.

¶ 43. Die mufikalifche Verinnerlichung bezeichneten wir nach der andeutenden Unbeftimmtheit als den andern Kunftgriff unferer Schriftfteller, den Schleier des Geheimniffes über ihre Sprache auszubreiten.

Die phantaftifche Anfchauung, welche aller romantifchen Poefie das Material liefert, greift nicht in die weite Welt der Erfcheinungen, fondern bleibt trotz aller Anftrengung vielmehr immer in der Puppe des Gefüls ftecken, taucht immer wider in die Abgründe des eigenen Selbft hinab, will immer nur, nach den Worten des Athenäum [151]), die eigene poetifche Reflexion «wie in einer endlofen Reihe von Spiegeln vervielfachen». Aber nur Eine Kunft befitzt die Mittel, wirklich in die Tiefen fubjectiven Empfindungslebens hinabzufteigen und das Innerfte des Menfchen nicht etwa aus der Ferne zu berüren, fondern mit felbftändiger Kraft zu ergreifen

---

[151]) Ath. I. II. 29, Frg.

und feiner Seele fich zu vermälen: die Kunft der Töne, die Mufik. Es kann uns daher nicht Wunder nehmen, dass die Romantiker mit ihr überall die innigfte Fülung fuchen, fie als die eigentlich «romantifche Kunft» ¹⁵²) für fich in Anfpruch nehmen. Ift fie ihnen doch diejenige, welche uns den «geheimnisvollen Strom in den Tiefen des menfchlichen Gemüts» «felber vorftrömt» und «wodurch wir das Gefül fülen lernen» ¹⁵³). Wackenroder und Tieck find auch hierin als Pfadfinder den Genoffen vorangefchritten. Der erftere, durch Fafch und Reichardt mufikalifch ausgebildet, wusste feine weiche Seele den weichen Tönen innig verwandt, erklärte es ¹⁵⁴) für fein «Lieblingsobject», «über Mufik zu kritifiren und zu äfthetifiren» und hüllte feine eigenen Bekenntniffe in «das merkwürdige mufikalifche Leben des Tonkünftlers Jofeph Berglinger», mit dem die Herzensergiefsungen fchliefsen. Der Freund, von Natur nichts weniger als mufikalifch beanlagt, aber im Reichardtfchen Haufe mit mufikalifchen Genüffen faft überfättigt, war fein Erbe, Erbe auch feines mufikalifchen Enthufiasmus. Das beweifen feine Werke. So blieb denn für Fr. Schlegel und Hardenberg nichts als die Pflege des einmal gefchloffenen Bundes, welcher in das Credo der Schule aufgenommen war. Der Inhalt aller romantifchen Werke, von den Volksmärchen bis zum Octavian und von den Hymnen an die Nacht bis zum Heinrich von Ofterdingen und zur Lucinde, ift eine fortlaufende Huldigung der Poefie dargebracht vor dem Tron der Mufik. Wie der Schwerpunkt romantifcher Bildlichkeit durchaus auf dem Gebiete des Tonlebens zu fuchen ift, fahen wir bereits oben ¹⁵⁵). Aber auch aufserhalb des Bildes hört das Klingen und Singen, das Raufchen und Blafen, dem

---

¹⁵²) Fr. Schl. Luc. 93. — ¹⁵³) Ph. 193, 194. — ¹⁵⁴) In einem Brf. an T. bei Holtei IV. 170. — ¹⁵⁵) S. o. ¶ 5. S. 19 ff.

romantifchen Grundfatz entfprechend meift aus der Ferne herüber tönend und widerhallend, in der Erzälung niemals auf. Man fchlage nur eine Seite der Magelone, etwa IV. 304 oder eine des Sternbald, etwa XVI. 39 oder 411 auf und man wird uns weitere Beifpiele erlaffen. Namentlich der letztgenannte Roman, in welchem, einem Fr. Schlegelfchen Urteil zufolge [136]), «der romantifche Geift angenehm über fich felbft zu phantafiren fcheint», ift von Anfang bis Ende von Vokal- und Inftrumental-Mufik durchklungen, «da ift, lässt Tieck im Zerbino fich felbft verfpotten [137]), ums dritte Wort vom Waldhorn die Rede». «Man könnte es, fagt Goethe von dem erften Teil ganz mit Recht [138]), fo eigentlich eher mufikalifche Wanderungen nennen wegen der vielen mufikalifchen Empfindungen und Anregungen, es wäre alles darin, aufser der Maler» — worauf er durch Friedrich die indirekte Zurechtweifung erfärt: «Sagt es das Buch nicht felbft klar genug, dass es nichts ift und fein will, als eine füfse Mufik von und für die Phantafie?»

Die Romantiker verfehlten demnach recht eigentlich ihren Beruf, als fie ftatt des Fagotts die Schreibtafel ergriffen, wenn auch die Sorge fern liegt, dass wir bedeutende Komponiften an ihnen verloren haben. Das rächte fich wie immer. Wärend fie als Dichter auf die Phantafie und Sprache als ihr Handwerkszeug angewiefen waren, zog ihr Herz fie beftändig in das Reich der Töne und des Gefüls hinüber. Zwifchen beiden Welten fchwebend fanden fie nur Eine Rettung: fie wurden Mufikanten des Wortes und fuchten, was fie mit Tönen nicht durften, mit den Mitteln der Sprache aus-

---

[136]) Ath. I. II. 129, Frg. — [137]) T. X. 292. — [138]) Nach einem Brf. Carolinens an Fr. Schl. in Caroline I. 219, wo S. 227 die obige Erwiderung Schl.s folgt.

zufüren. Der mufikalifche Inhalt zog eine mufikalifche Form ihrer Dichtung nach fich. Wort und Klang werden fo nahe an einander, ja in einander gerückt als möglich, das erftere zieht die Livrée des andern an und erfüllt, fo gut es gehen will, die ungewonten Pflichten des fremden Amtes.

So gut es gehen will. Denn noch immer kam, wer die Grenzen zweier Künfte verwifchen und den Beruf der einen auf die andere übertragen wollte, zwifchen zwei Stüle zu fitzen. Dass der Dichter nur zu feinem Verderb dem Maler den Pinfel aus der Hand nehmen könne, wiffen wir feit Leffings Laokoon. Dass er aber auch das Muficiren den Mufikanten überlaffen muss, diefe Erkenntnis danken wir befonders den Verirrungen der Romantiker. Wenn die Poefie, wie Vifcher mit ausdrücklicher Beziehung auf Tiecks Lyrik fagt [159]), der Mufik gleich «geftaltlos im unbeftimmten Weben der fubjectiven Empfindung fich bewegt», fo verliert fie den ficheren, ihr gewiefenen Boden unter den Füfsen, bis fie um fo heftiger aus dem ihr fremden Reiche der Luft auf denfelben zurückfällt. Damit foll nicht geleugnet werden, dass die mufikalifche Dichtung der Romantiker, gerade weil fie aufser ihren eigenen Mitteln noch vielfach über fremde verfügt, das Herz oft mit wunderbarer, ungeanter Gewalt ergreife. W. Schlegels Worte über die Lieder in den Volksmärchen [160]) gelten im ganzen auch noch heute. «Die Sprache hat fich gleichfam alles körperlichen begeben und löft fich in einen geiftigen Hauch auf. Die Worte fcheinen kaum ausgefprochen zu werden, fo dass es faft noch zarter wie Gefang lautet: wenigftens ift es die unmittelbarfte und unauflöslichfte Verfchmelzung von Laut und Seele,

---

[159]) Fr. Vifcher, Äfthetik, a. a. O. S. 1197. — [160]) Jetzt W. Schl. XII. 34.

und doch ziehen die wunderbaren Melodien nicht unverftanden vorüber.» Der Löwenanteil aus diefem mufikalifchen Raubzuge der Romantik fiel naturgemäfs aber wider der Innerlichkeit und Myftik des Stils zu. Die Darftellung wird auch hierdurch wider nur aus dem Sonnenlicht des Verftandes in den Dämmerfchein des Geheimniffes gerückt.

Hören wir denfelben Sachverftändigen weiter. «In diefen klaren Tautropfen der Poefie fpiegelt fich alle die jugendliche Sehnfucht nach dem Unbekannten und Vergangenen, nach dem was der frifche Glanz der Morgenfonne enthüllt und der fchwülere Mittag wider mit Dunft umgiebt; die ganze andungsvolle Wonne des Lebens und der fröhliche Schmerz der Liebe. Denn eben diefes Helldunkel fchwebt und wechfelt darin: ein Gefül, das nur aus der innerften Seele kommen kann und doch leicht und lofe in der Aufsenwelt umhergaukelt; Stimmen, von der vollen Bruft weggehoben, die dennoch wie aus weiter Ferne leife herüber hallen. Es ift der romantifche Ausdruck der warften Innigkeit, fchlicht und phantaftifch zugleich.»

Damit wird unfere allgemeine Berechtigung, hier von der mufikalifchen Verinnerlichung im Dienfte der Stilmyftik zu fprechen, nachgewiefen fein. Die Anwendung im Einzelnen hat das Weitere auszufüren und den Einfluss des mufikalifchen Übergewichts zuerft auf das Wort und fodann auf den Gedanken zu zeigen.

§ 44. Die Mufik des Wortes. Es giebt zwei Punkte, an denen, da die Dicht- und die Tonkunft in ihnen fich berüren, der Übergang aus der einen in die andere möglich ift: einmal ift dies der Klang und zweitens der Rhythmus. Indem die Romantiker fowol den einen als den andern unverhältnismäfsig ausbildeten und über das der Poefie zukommende Mafs fteigerten, machten fie ihre Sprache zu einem mufikalifchen Inftrument, zu einem Mittel mufikalifcher Zwecke. Das klingende Material der Sprache find aber die Vokale. Wir haben deshalb an erfter Stelle den **Vokalismus der romantifchen Poefie**, die einfeitige Bevorzugung und Ausgeftaltung des vokalifchen Sprachelements hier zu erörtern, wobei freilich die allfeitige Durchführung diefer Erfcheinung der romantifchen Poetik überlaffen und unfere Befprechung auf die den Stil beftimmenden Haupteigenheiten befchränkt bleiben muss.

Nicht in der menfchlichen Stimme erreicht die Mufik für die Romantik ihre idealfte Höhe, fondern in dem Klang der Inftrumente, welche fich im Zerbino [161] felbft »die kindifchen Dichter« nennen. Die Inftrumental-Mufik ift nach Hoffmanns oft citirtem Wort »die romantifchfte aller Künfte«, »in ihr, rühmen die Phantafien [162]), ift die Kunft unabhängig und frei« — unabhängig und frei, das ift allerdings die nächfte Meinung, von jeder fremden Kunft, von jedem gedachten Text; aber auch unabhängig und frei, fo können wir den romantifchen Gedanken fortfüren, von allem irdifchen Beifatz der Mitlauter und gefchloffenen Töne, allein in dem eigenen Klange fchwebend und ausruhend. Und von den Inftrumenten widerum reicht der Wert der Blasinftrumente, vor allen des Waldhorns und der Schalmei, weit über denjenigen der Streich- und der Schlaginftrumente hinaus, denn jene bringen den Vokal in noch unmittelbarerer, in noch mehr ätherifcher, fich felbft genügender Geftalt zur Darftellung als die andern. Der Vokal gilt eben in der Romantik alles, der Konfonant wird nur als eine leidige Zugabe geduldet.

---

[161] T. X. 290. — [162] Ph. 261 u. 268; vgl. auch Fr. Schl.s Ath.-Frgmt. I. II. 144: »Eine gewiffe Tendenz aller reinen Inftrumental-Mufik zur Philofophie (ift) an fich nicht unmöglich. . . Muss die reine Inftrumental-Mufik fich nicht felbft einen Text verfchaffen?« ff.

«Die Seele, fchreibt der ältere Schlegel [163]), die innere Empfindung offenbart fich durch die Stimme, die Stimme aber tönt nur in den Vokalen.» «Die Vokale enthalten, behauptet der jüngere Bruder [164]), den mufikalifchen Beftandteil und entfprechen dem Princip der Seele.» «Vokale heifsen bei den Hebräern Buchftabenfeelen», berichtet beifällig ein Hardenbergfches Fragment [165]).

Als die Romantiker nun aber mit folchen Grundfätzen an ihre dichterifche Arbeit gingen, wurden fie mit Schrecken gewar, dass ihr Sprachinftrument, das neuhochdeutfche Idiom, der freien Entfaltung tönender Vokale am allerwenigften Raum geftattete, weit weniger als die griechifche Sprache, weniger als die fpanifche und italienifche, weniger felbft als die ältere deutfche. Deshalb geht durch die ganze Romantik die Klage über diefen Mangel Hand in Hand mit einem eiferfüchtigen Schielen nach den füdländifchen Dialekten. W. Schlegel unterfucht in einem an feinen Bruder adreffirten Auffatz [166]) unfere Sprache fehr eingehend auf Härte und Weichheit, indem er fie an der griechifchen misst, und gelangt zu dem wenig tröftlichen Ergebnis, dass es bei uns mit den Vokalen, wo möglich, noch fchlechter ftehe, wie mit den Konfonanten. Mit der fpanifchen verglichen, fagt er an einer andern Stelle [167]), «muss unfere Sprache gegen die hochtönende Pracht beinahe verftummen und kann über diefen Punkt zu einiger Selbfterkenntnis kommen». Fr. Schlegel dagegen preift im Athenäum bei Gelegenheit des Tieckfchen Don Quixote das Spanifche als das romantifche Sprach-

---

[163]) W. Schl. XI. 167. — [164]) Fr. Schl. I. 127. — [165]) N. II. 117 vgl. 132. — [166]) W. Schl. VII. 155 ff. «Betrachtungen über Metrik», S. 175; vgl. die änlichen Ausfürungen im «Wettftreit der Sprachen» Ath. I. 1. 3 ff. = S. W. VII. 197 ff. — [167]) W. Schl. XI. 419.

ideal [168]): «In keiner andern Profa ift die Stellung der Worte fo ganz Symmetrie und Mufik, keine andere braucht die Verfchiedenheiten des Stils fo ganz wie Maſſen von Farbe und Licht .... Lasst uns die populäre Schreiberei der Franzofen und Engländer vergeſſen und diefen Vorbildern nachftreben.» Und Hardenberg endlich klagt und mant [169]): «Unfere Sprache war zu Anfang viel mufikalifcher, fie hat fich nur nach und nach fo profairt, fo enttönt: fie ift jetzt mehr Schall geworden, Laut, wenn man diefes fchöne Wort fo erniedrigen will; fie muss wider Gefang werden. Die Konfonanten verwandeln den Ton in Schall.» Die Tatfachen, welche den Romantikern folche Klagen entpressten, find ja richtig. Unfere Sprache hat faft durchweg für die vollen tönenden Vokale der alten Endung das tonlofe E eingetaufcht, welches die Farbe des abftrakten Gedankens, aber nicht die des finnlichen Klanges an fich trägt, wärend Italiener und Spanier den hohen mufikalifchen Wert ihrer Sprache wefentlich den fonoren A und O der Endungen verdanken. Jene Klagen werden auch fo oft fich widerholen, als an unfere Sprache mit rückfichtslofer Übertreibung ein fremder, ihr nicht eingeborner Maſsſtab gelegt wird, als man mit einfeitigen Vorausfetzungen fei es eines andern Idioms, fei es einer andern Kunft, der Tonkunft, zu ihr kommt. Aber was war zu tun? Friedrichs des Grofsen Vorfchlag, dem Übel durch Anhängung eines offenen A abzuhelfen und ftatt nehmen «nehmena» zu fagen, war feiner Stellung zur deutfchen Literatur völlig würdig, würde aber felbſt dem romantifchen Gewiſſen als ein Statsftreich gegolten haben. So blieb ihnen nur übrig, durch

---

[168]) Ath. II. 327, auch citirt bei W. Schl. XI. 426 Anm.; vgl. W. Schl.s änliche Urteile Ath. II. II. 277 ff. = S. W. IV. 123 ff. — [169]) N. II. 131, Frg.

Bevorzugung der weiblichen Versfchlüffe und durch gehäuftere Widerholung der Gleichklänge unferer Sprache ein vokalreicheres Anfehen zu geben und zu verfuchen, fie, die eigentlich aus dem E gefprochen wird, in das A-I-O-U der füdlichen Romanen umzufetzen. Durch mehr oder weniger gefchickte Verwendung diefer volleren Klänge erreichten fie wenigftens teilweife ihre Abficht und umwoben einzelne ihrer Dichtungen mit jenem duftigen Hauch, welchen weder die Tiefe des Gedankens noch die Kraft der Phantafie, fondern lediglich die mufikalifche Empfindung zu verleihen vermag. Andernteils freilich konnten fie nicht zur Naturfarbe machen, was doch nur Schminke war und der Spott, welchen fie von Herders Adraftea bis zu Ruges Manifeft wegen ihrer A-E-I-O-U-Künfte zu erdulden hatten, raubte erbarmungslos am Ende auch dem Empfänglichen die unerlässliche Stimmung für diefe Stimmungspoefie.

Doch als gefchichtliche Erfcheinung behält auch dies Abenteuer der romantifchen Tafelrunde feinen grofsen charakteriftifchen Wert. Wir erweifen denfelben zunächft aus dem romantifchen Gebrauch des Reims, fodann aus demjenigen der Affonanz.

¶ 45. Erftens. Die unbeftreitbare Warheit, dass es ein mufikalifches, von dem Gefül beherrfchtes Intereffe gewefen, welches dem Reim das Dafein gab, wird von den Romantikern mit grofser Vorliebe behandelt. Schon in Fr. Schlegels Schrift »über das Studium der griechifchen Poefie« 1795—1796 heifst es von jenem [170]: »Wie der einzelne Laut den vorübergehenden Zuftand, fo bezeichnet jene Widerkehr die beharrliche Eigentümlichkeit. Sie ift die tönende Charakteriftik, das mufikalifche Abbild einer lebendigen Perfönlichkeit.... Nur in der tiefften Charakteriftik der Gefüle kann die

---

[170] Fr. Schl. V. 37—38.

poetifche Bedeutung diefer mufikalifchen Silbenfpiele und Anklänge der Phantafie gefucht und gefunden werden.» In feinem erften Kurfus Berliner Vorlefungen vom Winter 1801—2 fürt ferner W. Schlegel am gehörigen Orte [171]) aus, «wie im Reime das der antiken Rhythmik entgegengefetzte Princip liege, nicht das des plaftifchen Ifolirens, fondern das der erregten Erwartung, der allgemeinen Verfchmelzung, des Herüber- und Hinüberziehens, der Eröffnung von Ausfichten ins Unendliche». Und nicht viel fpäter endlich fchrieb Tieck in der Vorrede zu feinen Minneliedern [172]), dass nicht der Trieb zur Künftlichkeit den Reim eingefürt habe, «fondern die Liebe zum Ton und Klang, das Gefül, dass die änlich lautenden Worte in deutlicher oder geheimnisvoller Verwandtfchaft ftehen müffen, das Beftreben, die Poefie in Mufik, in etwas Beftimmt-Unbeftimmtes zu verwandeln». So zutreffend nun auch diefe Sätze im ganzen heifsen müffen, fo ift doch nicht weniger richtig, dass die mufikalifche Seite des deutfchen Reimes durchaus keine dem Or mit Gewalt fich aufdrängende, den Klang anfpruchsvoll in den Vordergrund fchiebende ift und fein darf. Im Gegenteil, wir nennen den einen tiefern Kenner des Reimes, welcher wie Goethe die ungefuchteften Reimworte mitten aus dem Strom der poetifchen Sprache herausfchöpft, und wir bedauern, dass der Eindruck der Schillerfchen Reime, von den Freiligrathfchen ganz zu gefchweigen, nicht ausfchliefslich poetifchen Mitteln zu danken ift. Auch die Romantiker, excentrifch wie immer, traten aus dem graden Wege des Reimes, nicht aber, wie die letztgenannten Dichter nach der Seite der Reflexion, fondern nach derjenigen der Empfindung. Sie taten dies einerfeits, indem fie

---

[171]) Wir berichten nach Haym 781. — [172]) Jetzt «Krit Schr.» I. 185 ff., obiges Citat 199.

den weiblichen Reim als den «an fich fchönften»,
weicheren, volleren unverhältnismäfsig bevorzugten.
Für die Nachbildung des Italienifchen, befonders des
mehr mufikalifchen als charakteriftifchen Taffo, empfiehlt W. Schlegel[173] denfelben wegen feiner «Hinneigung zum Lyrifchen» ausfchliefslich und beruft fich
zum Beweife für die unbedenkliche Durchführung auf
«das Beifpiel der Spanier und Portugiefen, welche ungefär eben fo reich an männlichen Reimen find als wir
und dennoch bei Aufnahme der italienifchen Silbenmafse und für diefe, die italienifche Weife zu reimen
mit Glück eingefürt haben». Der mufikalifchere Gehalt
der weiblichen Endung liegt auf der Hand. Aber ihre
einfeitige Hervorhebung, welche nicht etwa bei den
Überfetzungen ftehen blieb, nötigte vielfach, den Reimvorrat durch zufammengefetzte, künftlich gebildete und
feltenere Worte zu vermehren. Andererfeits wurde das
mufikalifche Wefen des Reimes dadurch mehr zur
Geltung gebracht, dass man ihn nicht nur zweimal,
fondern drei- und viermal und nicht nur als End-, fondern auch als Binnenreim widerholte, um mit dem gehäufteren Gleichklang das Or um fo ficherer gefangen zu
nehmen, in den Schlummer des Gefüls zu wiegen. Auch
dazu konnte die befte Gelegenheit nur von den italienifchen
Mafsen, den Sonetten, Ottaven und Terzinen kommen;
fie wurden deshalb fleifsig geübt. Was fchadete es,
wenn auch einige Zwangsmafsregeln gegen den widerftrebenden deutfchen Vers angewandt werden mussten,
wurde doch die mufikalifche, verinnerlichende Abficht
erreicht. «Das Gefül fteht, wie ein einfichtsvoller Beurteiler fich ausdrückt[174]), überall mit fchwärmender

---

[173] W. Schl. XII. 251 u. 256, in einer Rezenfion der Griesfchen Überfetzung des rafenden Roland. — [174] Caspar Poggel in den trefflichen, nur für die Romantik zu günftigen «Grundzügen einer Theorie

Ruhe über feinem Gegenftande ftill; es hegt fich felbft und fchwelgt mit Bewusstfein in feinem eigenen Genuffe. Es fucht fich felbft nur, weil es fein eigener Zweck ift.» «Diefer romantifchen Gefülsftimmung entfprechen die genannten Reimversarten. Das Or verweilt in ihnen mit geniefsender Innigkeit bei denfelben Klängen. Wie ein Liebender fich den Namen feiner Geliebten vorfingt und in dem füfsen Klange eine angenehme Mufik findet, fo fpielen diefe Dichter mit den Tönen der ganzen Sprache.»

Derfelbe Trieb mufikalifchen Gefülsfpiels kam in noch höherem Grade an dem durch Tieck der fpanifchen Poetik entlehnten Echo zum Ausdruck. Dadurch dass am Schluss der Zeile das letzte Wort felbft oder ein faft gleichlautendes nachhallend widerholt wird, fcheint, wie der genannte Theoretiker treffend bemerkt [175]), «eine geheimnisvolle Naturwirkung mit unferer Empfindung in ein teilnehmendes Verhältnis zu treten und Or und Mund für unfere Sprache anzunehmen». So fingen z. B. die Vögel im Zerbino [176]): «Die freie, weite Welt — | Wie uns das gefällt! | Gefällt! | O herrliche Welt!» Oder im Octavian, deffen Formenmifchung diefem Reimfpiel befonders günftig war, fpricht der Dichter [177]): «Hör Echo du im Tale drunten — unten — | Baumzweige über meinem Haupte droben — oben! | Die alte Zeit kömmt mir in meine Sinnen — innen —» u. f. w. Man fieht, der Gedanke hat fo gut wie keinen Anteil an diefer Erweiterung des Verfes, wie von felbft hallt der empfundene Laut von den Wänden des unbewusst in fich fchwärmenden Gefüls zurück. Ein änliches Spiel-

---

des Reims und der Gleichklänge mit befonderer Rückficht auf Goethe. Münfter 1836». S. 87. Die ganze Schrift ftellt fich zunächft nur zur Aufgabe «die bisher nicht genug beachtete mufikalifche Bedeutung des Reimes in unfrer Poefie zu zeigen». — [175]) A. a. O. 78. — [176]) T. X. 266. — [177]) T. I. 8; andre Beifpiele ebd. 5 u. 124.

bedürfnis hatte fchon anderthalb Jarhunderte früher die Schlefier auf das Echo hingefürt, ein Beweis mehr, dass Herder nicht one Grund eine innere Verwandtfchaft derfelben mit den Romantikern behauptete.

¶ 46. Zweitens. Was weder Reim noch Echo völlig zu bieten fchienen, das bot die Affonanz. Die Affonanz ift der auf den Vokal befchränkte Reim. Wärend die Konfonanten als totes Material unbeachtet daneben liegen, begleitet der ftets widerkehrende Selbftlauter den fortfchreitenden Gedanken mit melodifchem Klang und hält die Seele mit geheimnisvollen Banden beftändig in derjenigen Stimmung feft, welche dem gewälten Laut die verwandtefte ift. Dient daher die Alliteration, die Verknüpfung durch den gleichen Konfonanten, wefentlich rhetorifchen und charakteriftifchen Zwecken, fo erfüllt die Affonanz den Beruf der Mufik. Kein Wunder alfo, wenn man fich beeilte, dies vorzügliche Stimmungsmittel den Romanen zu entlehnen. »Der feltfame Zauber diefes Klanges, fchreibt Tieck [178]), der neben dem Reim andungsreich fchwebt, gefiel meinem Or fo fehr, dass ich im Octavian ihn in allen Lauten fprechen liefs.« In einzelnen Gedichten, befonders in den »Zeichen im Walde«, hatte er dies ebenfo wie W. Schlegel im Fortunat und Fr. Schlegel im Alarkos bereits früher getan. Allein wenn irgend wo, fo zeigte fich hier die deutfche Sprache dem romanifchen Faltenwurf nicht gewachfen. Eine folche Fülle in demfelben Vokal ausruhender, meift weiblicher Versfchlüffe, wie fie die Affonanz erforderte, konnte im Deutfchen nur durch gewaltfame Mittel befchafft werden. Namentlich ein missleiteter roher Archaismus musste zur Vermehrung affonirender Gleichklänge Handreichung tun. Das abfchreckendfte Beifpiel diefer Gattung werden immer

---

[178]) T. I. XXXIX, Vorber. z. I. Lieferg.

«Die Zeichen im Walde» [179]) bleiben. Um den grässlich heulenden «Unken»-Ton der ganzen Romanze durchfüren zu können, musste unfer Sprachfchatz z. B. um folgende «Unken»-Formen bereichert werden: begunnte; zurucke; blumend; erhube; niederfchluge; verrucke u. drgl. Wenn der Dichter eine beifsende Parodie romantifcher Don Quixoterien hätte geben wollen, fo würden wir an dem Gelingen feiner Abficht nicht zu zweifeln Urfache haben.

Mit dem einfeitig ausgebildeten Klang verbündet ¶ 47. fich nun weiter der einfeitig ausgebildete Rhythmus, um über das mufikalifche Prinzip der Romantik keinen Zweifel zu laffen. Fr. Schlegel betont es felbft [180]), dass «die Prinzipien des Rhythmus und felbft der gereimten Silbenmafse mufikalifch find». Die angeborene Neigung unferer Schule, den formellen Gefichtspunkten immer vor den materiellen den Vorzug zu geben, fand hier ihre reichlichfte Befriedigung. Ihre Dichtungen gleichen oft einem Acclimatifationsgarten, wo die bunteften fremdländifchen Versmafse mit kosmopolitifcher Gleichgültigkeit fich auf deutfchem Boden begegnen. Und nicht zufrieden mit dem, was Ausland und Heimat ihnen boten, prägten fie fich felbft neue Formen in immer wechfelnder Mode, ja mifchten die Versmafse in demfelben Gedicht zu einem weder analyfirbaren noch fkandirbaren Gebräu. Selbft in ihrer Profa entdeckten fie mit Bewunderung rhythmifche Neigungen, teils hexametrifche, teils jambifche [181]). Auch diefe Erfcheinungen kommen wefentlich dem, was wir die Myftik des Stils genannt haben, zu gute. Denn wie in Reim und Gleichklang das ruhende, fich in fich felbft fpiegelnde Gefül

---

[179]) T. Gd. I. 22 ff.; vgl. o. ¶ 21. — [180]) Ath. III. 1. 90, «Gefpräch ü. d. Poefie»; vgl. ebd. 16 «Der Rhythmus ift die Idee der Mufik». — [181]) Aus Schleierm.s Leben III. 102, 180, 181.

feine Sprache findet, fo foll der Rhythmus der fortfchreitenden Bewegung des Begehrungsvermögens Ausdruck verleihen. Ift nun derfelbe ein durchfichtig klarer, fcharf geprägter und feft begrenzter, fo fpricht aus ihm ein kräftiges, beftimmtes und zielbewusstes Wollen; fchwankt er dagegen in ewig wechfelnden, ihrer felbft ungewiffen Mafsen, fo bedeutet er ein fchwächliches, immer wider in die Impulfe des Gefüls zurückfinkendes, energielofes Begehren. Wie die romantifche Poefie ftets zwar wollen will, aber niemals die Kraft des Entfchluffes findet, deffen ift auch ihre Rhythmik ein deutlicher Beweis. Nur die Anlehnung an füdländifche Versfchemata konnte derfelben zuweilen einen Schein von innerer Feftigkeit und Haltung verleihen.

Und noch ein anderes. Der Verworrenheit des romantifchen Rhythmus arbeitet feine Künftlichkeit und Gezwungenheit in die Hand. Diefelbe entfpringt teils aus einer unpoetifchen Schwerfälligkeit der Gedankenfolge, welche das Flügelpferd der Mufen in den Laftzug der Philofophie fpannen und überall auch den Rhythmus zu Symbolen des Gedankens preffen will. So ift es namentlich bei Fr. Schlegel der Fall, von deffen in der Blütezeit der Schule entftandenen Gedichten fpäter der Bruder felbft fchreibt [182]): «Wenn ein in die Spekulation verfenkter und durch mannigfaltiges Wiffen bereicherter Geift vom Nachdenken über das innerfte Wefen der Poefie fich zu deren Ausübung wendet, fo wird er anfänglich die künftlichften Formen als feinem Zweck am meiften entfprechend vorziehen; und die Schwierigkeit diefe Formen durchzufüren, zufammengenommen mit dem Tieffinn der Gedanken, wird alsdann

---

[182]) W. Schl. XII. 213 in der Rezenfion von Roftorfs Dichtergarten, v. J. 1807; f. eine änliche Äufserung deffelben in einem Brf. an Schleierm. 1800: Aus Schleierm.s Leben III. 182; Fr. Schl. I. 77 u. Haym 670 fl.

leicht Dunkelheiten verurſachen.« Man braucht nur ſein Trauergedicht auf Auguſte Böhmers Tod «Der welke Kranz», welches durch ein Verſehen Böckings auch unter die Werke ſeines Bruders geraten iſt [183]), mit der Umgebung, die es hier gefunden, zu vergleichen, um einen Begriff von dieſem ſogenannten «Tieffſinn der Gedanken», welcher ſich in die Form geflüchtet hat, zu erhalten. Es iſt jedem Leſer ſolcher Fr. Schlegelſchen Poeſieen aus der Seele geſprochen, was Körner an Schiller über den Alarkos ſchreibt [184]): «Für den eigentlichen Wolklang der Verſe muss er gar kein Or haben.» Teils wie bei Tieck liegt der Grund jener Formenkünſtelei in einer geheimnisreich ſcheinenden, in Warheit aber meiſt recht äuſserlichen Spielerei der Empfindung. So kleinlich und mühſelig der Rhythmus der Tieckſchen Lyrik auch ausgebildet zu ſein ſcheint und ſo viel ſich offenbar der Dichter ſelbſt auf denſelben zu gute tut, ſo gering iſt dennoch auch bei ihm das natürliche Gefül für Eyrhythmie, welches darin zu Tage tritt. Auch dies Urteil gab ihm wider zuerſt ſein Freund Wackenroder zu verſtehen, als er ihm ſchon 1793 ſchrieb [185]): «Ich . . . behaupte dreiſt, dass ich über Versbau, Wolklang, Rhythmus, Ausfeilung der Perioden, Ausbildung der Metaphern, Feinheiten der Sprache und was dergl. kleine Sächelchen mehr ſind, ungleich treffender urteilen kann als ihr beide» — er meint Tieck und Burgsdorf.

Es liegt auf der Hand, welchen Gewinn wider die Myſtik des romantiſchen Stils aus dieſen ſelbſtgeſchaffnen rhythmiſchen Schwierigkeiten ziehen muſste. Das gewundene Versmaſs wurde das Prokuſtesbett des Satzes, welcher manchmal ſein Widerſtreben mit einer gewaltſamen Dehnung, viel häufiger aber mit grauſamer Ver-

---

[183]) W. Schl. I. 33 = Fr. Schl. IX. 94. — [184]) Schillers Briefwechſel mit Körner, IV. 283. — [185]) Bei Holtei IV. 264.

kürzung und Zerftückelung büfsen musste. Was wir oben [186]) von der Myftik des Satzbaues, von gezwungenen Participialkonftructionen und harten Ellipfen zu fagen hatten, ift grofsenteils diefem rhythmifchen Kunfttriebe in Rechnung zu fetzen. Doch müffen wir auch diesmal wider, um gerecht zu fein, den ältern Schlegel und Hardenberg von dem Makel folcher rhythmifchen Irrwege freifprechen. Der erftere, Herrfcher aller Formen, jeder Klarheit und Beftimmtheit Freund, nahm mit gewonter Sprachgewandtheit, wenn auch nicht mit urfprünglicher Dichterkraft alle Hinderniffe, welche die fremden Rhythmen ihm in den Weg ftellten. Mochte ihn Körner auch denjenigen beizälen [187]), «die über den Mitteln den Zweck vergeffen», mochte der böfe Leumund auch beifsend genug behaupten [188]), dass fein Verhältnis zu feiner Gattin «häufig durch ein verfchiedenes Urteil über ein Silbenmafs oder dergl. verftimmt» werde, ihm vor allen bleibt dennoch der Ruhm, welchen er felbft widerholt für die ganze Zeit in Anfpruch nimmt [189]), dass unfere Sprache durch Einfürung der «künftlichften Gedichtformen und Silbenmafse aus andern Sprachen» «fich nach allen Seiten erweitert» und der unnützen Feffeln entledigt habe. «Die deutfche Sprache, fagt D. F. Straufs [190]), zum Pantheon zu machen, worin alles gröfste

---

[186]) S. o. ¶ 41 u. 42. — [187]) In einem Brf. an Schiller, a. a. O. III. 370. — [188]) Wie Savignys Tagebuch berichtet, citirt in Caroline I. 288 Anm. — [189]) Wir notiren die bez. Bemerkungen W. Schl.s in chronologifcher Folge: 1799: Ath. II. II. 281 ff. = W. Schl. IV. 127 (An T.); 1799: W. Schl. XI. 384 (Orlando der Rafende); 1800: Aus Schleierm.s Leben III. 182 (Brf. an Schleierm.); 1801: W. Schl. X. 182 ff. (Anm. zu der Rezenfion des Vossfchen Homer); 1803: A. d. Leben v. J. D. Gries 1855. S. 53 (Brf. an Gries); 1810: W. Schl. XII. 243 (Gries' rafender Roland). Eine parallele Bemerkung Fr. Schl.s f. i. dem «Gefpr. ü. d. Poefie» Ath. III. I. 91—92 u. in weiterer Ausfürung Fr. Schl. V. 191—192. — [190]) D. F. Straufs, Kleine Schriften, Lpz. 1862. S. 127.

und fchönfte, was andere Völker und Sprachen hervorgebracht, gleichfam in treuen Abgüffen zu gemeinfchaftlichem Kultus aufgeftellt wäre, das war die Idee, welche Schlegel als Überfetzer befeelte.» Auch M. Bernays, Zur Entftehungsgefchichte des Schlegelfchen Shakefpeare 1872. S. 231 ff. fürt treffend aus, wie Schlegels Sprachbildung in den Überfetzungen gipfle. Hardenberg endlich, mit rhythmifcher Keufchheit an den einfacheren Mafsen fefthaltend, zeigte fich grade in diefer Befchränkung als Meifter.

Aber was ift es grofses, nur den Klang und Rhythmus des Gedichtes zur Mufik gewandelt zu haben, fo lange noch Begriffe, Vorftellungen und Gedanken gleich ungefchmolzenen Eisbergen dem mufikalifchen Auflöfungsprozess fich widerfetzen! Erft dann kann das Ziel der romantifchen Stilmufik, die innerfte Wefensgemeinfchaft der Ton- und der Dichtkunft völlig erreicht fein, wenn auch der Inhalt felbft in das undefinirbare Fluidum allgemeiner Gefülsmyftik verduftet und die Mufik des Wortes zur Mufik des Gedankens geworden ift. Sollte es nicht möglich fein, eine Poefie zu fchaffen, in welcher die Form nicht nur «einen vom Inhalt unabhängigen Wert hat» [191]), fondern welche vielmehr, unbefchwert von jedem fassbaren Gegenftand und Gedanken, lediglich in der Form felbft ihre Befriedigung fände? Diefe Frage wurde von den Genoffen des Bundes, den einzigen W. Schlegel widerum ausgenommen [192]), lebhaft erörtert und wenigftens von ihrem Wünfchen und Wollen entfchieden bejaht.

«Wie? Es wäre nicht erlaubt und möglich, fragt die erfte Violine in Tiecks Verkehrter Welt [193]), in Tönen zu denken und in Worten und Gedanken zu

¶ 148.

---

[191]) W. Schl. XII. 206, in der oft citirten Rezenfion des Dichtergartens. — [192]) Sein abweifendes Urteil f. o. ¶ 29. — [193]) T. V. 286.

muſiziren? O wie ſchlecht wäre es dann mit uns Künſtlern beſtellt! wie arme Sprache! wie ärmere Muſik!» «Warum ſoll eben, fürt Ludoviko im Sternbald [194]) dieſe Frage weiter, warum ſoll eben Inhalt den Inhalt eines Gedichts ausmachen?» «Iſt es nun nicht gleichgültig, fügen die Phantaſieen [195]) endlich hinzu, ob er (der Menſch) in Inſtrumentſtönen oder in ſogenannten Gedanken denkt?» Gewiſs, ſo lautet die berühmte Antwort in der letzten Schrift [196]):

> Liebe denkt in ſüſsen Tönen,
> Denn Gedanken ſtehn zu fern,
> Nur in Tönen mag ſie gern
> Alles was ſie will verſchönen.
>
> — — — — — — — —
>
> Bleibe Dir nur ſelbſt gewogen,
> Von den Tönen fortgezogen,
> Wirſt Du ſchönre Lande ſehn:
> Sprache hat Dich nur belogen,
> Der Gedanke Dich betrogen,
> Bleibe hier am Ufer ſtehn.

«Man könnte ſich, heiſst es im Sternbald weiter [197]), ein ganzes Geſprächsſtück von mancherlei Tönen ausſinnen» und Floreſtan hatte ſelbſt «einmal Luſt, aus Lämmern, einigen Vögeln und andern Thieren eine Komödie zu formiren, aus Blumen ein Liebesſtück und aus den Tönen der Inſtrumente ein Trauer- oder .. wie ich es lieber nennen möchte, ein Geiſterſpiel». Die Freunde nehmen das Thema mit Begeiſterung auf. «Es laſſen ſich, meint ein Hardenbergſches Fragment [198]), Erzälungen one Zuſammenhang, jedoch mit Aſſociation wie Träume denken, Gedichte, die bloſs wolklingend und voll ſchöner Worte ſind, aber auch one allen Sinn und

---

[194]) T. XVI. 333. — [195]) Ph. 247. — [196]) Ebd. 246 u. 248. —
[197]) T. XVI. 243, 244. — [198]) N. II. 170.

Zusammenhang, höchstens einzelne Strophen verständlich, wie Bruchstücke aus den verschiedenartigsten Dingen. Diese ware (!) Poesie kann höchstens einen allgemeinen Sinn im grofsen und eine indirekte Wirkung wie die Musik haben.« Und Heinrich von Ofterdingen erklärt[199]: «Sonst tanzte ich gern, jetzt denke ich lieber nach der Musik». Fr. Schlegel endlich wagt es gar, Goethe als Autorität für diese Poesie one Stoff in Anspruch zu nehmen[200], indem er von demselben behauptet, er gefiele sich «zu Zeiten in geringfügigem Stoff, der hier und da so dünne und gleichgültig wird, als ginge er ernstlich damit um, wie es ein leeres Denken one Inhalt giebt, ebenso auch ganz reine Gedichte one allen Stoff hervorzubringen. In diesen Werken ist der Trieb des Schönen gleichsam müfsig; sie sind ein reines Product des Darstellungstriebes allein».

In allen diesen Sätzen offenbart sich mit vollster Selbstverleugnung jener romantische Charakterzug, welcher überall, als gälte es, sich selbst der eigenen Grundirrtümer zu überfüren, auf die letzten Konsequenzen lossteuert. Kein Wunder also, wenn der Spott der Gegner diese «gedankenlose» Poesie der Romantik sich mit Vorliebe zur Zielscheibe erkor. Denn das winzige Warheitskörnlein, welches man den obigen Behauptungen allenfalls zugestehen kann, nämlich dass alle Poesie und die lyrische vorweg das rein Begriffliche in die höhere Sphäre empfundener Anschauung aufzulösen hat, war in einem Haufen Spreu begraben. Man wollte mit aller Gewalt das Lichtenbergsche Messer one Scheide, an dem die Klinge fehlt, finden, man wollte den leidigen Zopf, dass die Dichtung auf die Mittel der Sprache und des Gedankens angewiesen sei, unter allen Umständen los sein,

---

[199] N. I. 6. — [200] Fr. Schl. V. 63, Über das Studium d. griech. Poesie.

man wollte eine Poefie der reinen Form fchaffen, und was man fchuf, wurde naturgemäfs eine klingende Schelle, ein Scheinleib one Seele. Viele der Tieckfchen Gedichte, namentlich in der zweiten Hälfte des Sternbald, fallen diefem innern lebenzerftörenden Widerfpruch zum Opfer.

Wir ftehen auf dem höchften Gipfel romantifcher Stilmyftik, dort wo die Sprache den Gedanken nicht nur zu umfchleiern, fondern völlig zu verleugnen berufen ift. Der Idealismus hat feine reifften Früchte getragen. Ein weiteres ift nicht möglich, eine Umkehr auf allen Punkten und fomit auch in der Sprachbehandlung unausbleiblich. Dass die Romantik diefelbe durch ihre Irrwege veranlasst, durch manchen in das neue Land hinüber weifenden Fingerzeig vorbereitet hat, das fei die dankbare Anerkennung, mit der wir hier von ihr Abfchied nehmen.

www.ingramcontent.com/pod-product-compliance
Lightning Source LLC
Chambersburg PA
CBHW030251170426
43202CB00009B/698